SERIE BILDUNG · ERZIEHUNG · GESELLSCHAFT

LISELOTT DIEM

Sport für Kinder

Elemente einer Didaktik
für das Alter von null bis zehn

KÖSEL-VERLAG MÜNCHEN

ISBN 3–466–42037–7
 Gesamtherstellung: Graphische Werkstätten Kösel, Kempten. Umschlagentwurf: Christel Aumann, München.

VORWORT

Das Lernen des Menschen beginnt – auch im Sport – an seinem ersten Lebenstag. Indem das Kind herausgefordert, angeregt, unterstützt und ermutigt wird, lernt es von Tag zu Tag neue Bewegungsfertigkeiten und erweitert so mehr und mehr seinen Spielraum. Nicht nur mit Gegenständen lernt es umzugehen, sondern auch mit sich selbst und seinen Partnern. Im Spiel und vor allem dadurch, daß es sich Ziele setzt, sich konzentriert, lernt das Kind, seine Bewegungen zu beherrschen; durch Bewegungsleistungen gelangt es zu neuen Spielformen und durch sie wiederum zu neuen Kontakten und Begegnungen mit interessanten, anregenden Situationen und Menschen. Sport verlangt wie die Sprache nach einer sachgemäßen Lernerfahrung, die innerhalb der ersten Lebensjahre vermittelt werden muß.

Sport kann also gar nicht früh genug beginnen. Dieses Buch will hierzu für das Alter von null bis zehn didaktisches Material und praktikable Beispiele anbieten. Es geht also nicht um Stundenbilder und Übungssammlungen, sondern um Anregungen für Eltern und Erzieher, eigene Lernhilfen und ein individuelles Lehrverhalten zu entwickeln. Auch im Sport braucht der Erzieher jene sehr persönliche Einstellung dem einzelnen Kind gegenüber, die ihn befähigt, genau zum richtigen Zeitpunkt gerade die Herausforderung anzubieten, die eine neue Lernerfahrung ermöglicht.

Hervorgegangen ist das Buch aus jahrelanger praktischer Unterrichtserfahrung mit Kindern dieser Altersstufen und aus der Arbeit an verschiedenen Forschungsvorhaben des Seminars für Sportdidaktik der Deutschen Sporthochschule Köln. Manche bisher gültige Regel wurde dabei kritisch überprüft. Das Buch wurde geschrieben für Eltern, Kindergärtnerinnen und Grundschullehrer. Ihnen sollte es dazu verhelfen, Sport als ein besonders wichtiges Lernfeld für Kinder zu verstehen und zu gestalten.

Die in diesen Band aufgenommenen Fotos von Klaus Bala sind im Institut für Sportdidaktik der Deutschen Sporthochschule Köln entstanden. Für die Zeichnungen danke ich Frau Hiltrud Gerhardus (Köln) und für seine Mitarbeit an der Endfassung des Textes Herrn Dr. Christof Schmid (München).

Köln, im Januar 1973 — Liselott Diem

INHALTSVERZEICHNIS

1. EINFÜHRUNG

1.1 Neue Namen für neue Inhalte – Zum Wandel in der Terminologie des Sports

Man spricht nicht mehr vom Zeichenunterricht, sondern vom Bildnerischen Gestalten, von der Kunsterziehung oder gar von der Kunst als Unterrichtsfach. Aus dem alten Rechenunterricht ist neue Mathematik geworden, aus dem Schulturnen der Sport[1]: neue Namen für alte Sachen? Sicher nicht, denn Begriffe wandeln sich durch ihre gewandelten Inhalte. Die Inhalte selbst aber wandeln sich entsprechend den jeweiligen individuellen und gesellschaftlichen Grundvorstellungen einer Zeit. Und so sind die neuen Namen meist nur noch nachträgliche Fixierungen von verändertem Bewußtsein. Das gilt generell, und es gilt speziell für die Bildungsziele, in denen eine Gesellschaft am unverstelltesten ihre Normen und Absichten immer wieder neu interpretiert.

So ist der Wandel der Sport-Fachbegriffe nichts anderes als ein Spiegelbild von *Gesellschaftswandlungen* in einem kleinen, aber wichtigen Ausschnitt. Auch der heutige Sportbegriff ist mit seinen Inhalten und didaktisch-methodischen Ableitungen nicht weniger – aber auch nicht mehr – als eine Momentaufnahme unserer aktuellen Situation. Morgen wird es im Sport genauso wie in anderen gesellschaftsrelevanten Bereichen neue Begriffe für neue Inhalte geben. Ein Blick auf den Begriffswandel im Bereich der Unterrichtsdisziplin »Sport« verdeutlicht das.

Ältester Sport-Fachbegriff ist die griechisch-klassische »Gymnastik«, die das innerlich-äußerliche Ausgeglichensein des Menschen bewirken sollte. In diesem Sinn eines allumfassenden Begriffes betitelte noch J. F. Guts Muths 1793 seine Methodenlehre »Gymnastik für die Jugend«[2]. Anfang des 19. Jahrhunderts wurde das »Turnen« als »deutscher Urlaut«[3] von F. L. Jahn im deutschen Sprachraum als Fachbegriff eingeführt und als eine »Form der staatsbürgerlichen Erziehung mit Hilfe von vielseitigen Leibes-(Körper)Übungen« gedeutet.[4] Dabei drückte sich im gewandelten Begriff ein gewandeltes Bildungsziel aus: nationale Verbundenheit der »Turn-Brüder« und »Turn-Freunde«, wie sie sich nicht zuletzt auch in großen Schau-Turnen und Turnfesten äußerte. Die alte Fachbezeichnung »Gymnastik« bestand zwar weiter, wurde aber durch Beiwörter immer wieder neu definiert: als »Ausdrucksgymnastik«, »künstlerische«, »rhythmische« und »moderne« Gymnastik. Entsprechend erhielt auch das »Turnen« neue Deutungen. K. Gaulhofer und M. Streicher zum Beispiel hoben im Jahre 1922 im Zuge pädagogischer Reformen das neue Schulturnen als »Natürliches Turnen« ab. Die terminologischen Schwierigkeiten waren damit freilich nicht ausgeräumt, so daß Streicher 1928 fast resigniert konstatiert: »Sollen die Schulen Sport treiben, sollen sie Gymnastik einführen, sollen sie beim Turnen bleiben ... soweit Turnen, Sport und Gymnastik etwas Stoffliches bedeuten, sind sie alle drei gleich notwendig oder gleich überflüssig, weil ein wahrhaft erzieherisches Turnen sie alle schon umfaßt. Es ist keine durchgreifende Körperbildung denkbar ohne den Grundsatz der Leistung (sportliches Prinzip), keine ohne Gemeinschaftsbildung und sittliche Erziehung (turnerisches Prinzip), keine ohne feste Formungsarbeit (gymnastisches Prinzip).«[5]

Je internationaler der Sport in allen seinen Disziplinen wurde, um so weniger ließen sich in der Terminologie nationale Abgrenzungen bildungstheoretisch begründen. Trotzdem wurde der über ein Jahrhundert gebräuchliche Begriff Turnunterricht 1937 in den amtlichen Richtlinien durch »Leibeserziehung« bzw. »Leibesübung« abgelöst: eine fatale Umbenennung, denn immer wieder wurde diese »Leibeserziehung« mit Hilfe einer Pseudoanthropologie als Erziehung »durch« oder »über« den Leib erläutert, deren Ziel es sei, den Leib zu »haben« oder der Leib zu »sein«. Durch solch krampfhafte Bemühungen um neue Leib-Definitionen wurde die Leibeserziehung in einen künstlichen Gegensatz zur Geisteserziehung gerückt: eine falsche Antithetik, um deren Aufhebung sich die Richtlinien-Präambeln vergeblich bemühten, denn mit der Feststellung, die Leibeserziehung sei »ein wesentlicher Teil der Gesamterziehung«[6], wurde der Teil-Aspekt betont.

Im Bewußtsein und im Sprachgebrauch der Kinder hat sich der Begriff der »Leibeserziehung« freilich nie richtig durchgesetzt. Sie sprechen nach wie vor von »Turnen« oder heute vom »Sport«.

Ebenfalls als unzureichend erwies sich ein anderer Begriff: die »Bewegungserziehung«, die F. Hilker 1950 als »Pflege von Bewegungssinn und Bewegungsfähigkeit«[7] definierte, wobei er weitgehend seine frühere Definition der »Gymnastik« übernahm. Gleichzeitig verbreitete sich im anglo-amerikanischen Sprach-

raum R. v. Laban's »Art of Movement« als »Bewegungskunst« oder »movement-education« mit der dazugehörigen Systematik der Bewegungselemente.
Trotzdem erwies sich der Begriff »Bewegungserziehung« mehr und mehr als inhaltlich verschwommen und als zu eng. Außerdem werden nur vielseitig variable Begriffe, die in Wortverbindungen für jedermann schnell verständlich sind, im volkstümlichen Sprachgebrauch angenommen. Weder mit Leibeserziehung noch mit Bewegungserziehung lassen sich annehmbare Wortverbindungen prägen.
Der Terminus »Sport« dagegen erweiterte sich im letzten halben Jahrhundert in unserem Sprachraum zu einem volkstümlichen Gesamtbegriff. Darunter lassen sich heute Ausgleichs-, Alters-, Jugend- und Freizeitsport ebenso zusammenfassen wie Schul-, Leistungs- oder auch Spitzensport und olympischer Sport: vielschichtiger Ausdruck einer vielschichtigen Gesellschaft.

1.2 Sportverständnis statt Sportideologie – Zur inhaltlichen Bestimmung des Sportbegriffs

Sport fordert freies Entscheiden des einzelnen im sportlichen Handeln im Gegensatz zu eingedrillten »Ornamenten«[8] der Massen-Freiübungen, in denen der einzelne nur dirigiertes Glied ist.
Bewegungselemente verschiedener Qualität strukturieren und verdichten sich im Sport zu Sportarten und Sporttechniken. Beispielsweise im Schwimmen: Brust-, Crawl-, Delphin-Schwimmen, oder im Springen: Hoch-, Weit-, Dreisprung. Innerhalb der einzelnen Sportarten entwickelten sich verschiedengestaltige Formen als Techniken, z. B. im Hochsprung der Rollsprung, Straddle, Fosbury-Flop oder im Weitsprung der Hitchkick, die Lauf- oder Hang-Technik.
Sport führt sachgemäß zu Bewegungsgestalten und zu Handlungskomplexen. Dabei bestimmt die Bewegungsgerichtetheit den Handlungsverlauf. Sie wird je nach der individuellen Handlungsfähigkeit des Sporttreibenden von ihm geprägt, gestaltet und bestimmt dadurch den persönlichen Bewegungsstil. Ein solch persönlich-geprägter Stil wird oft wiederum als allgemeine Technik aufgenommen: z. B. die Osborne-Technik, der Fosbury-Flop.

Sportliche Bewegungsvorgänge sind immer individuelle Ausdrucksformen. Auch jedes Kind bewegt sich in seiner Eigenart. Je mehr innerhalb eines Lernprozesses eine Bewegungsleistung sicher beherrscht wird, je mehr sie selbst-gestaltet, persönlich geprägt wird, je mehr verfeinert sich der individuelle Stil, die Eigenart der Selbst-Bewegung.

Im Sport kann und muß der einzelne aus freier Initiative handeln. Aber das sportliche Handeln ist auch wiederum begrenzt. Sport ist an Regeln, Handlungsvereinbarungen gebunden. Der Sprung z. B. »gilt« nur, wenn »richtig« abgesprungen wird, oder der Staffelstab muß in einem abgegrenzten Laufraum übergeben werden. Dieses, man könnte heute sagen »instrumentelle Konditionierungssystem«, durch das im Sport »Bekräftigungen« oder ein »aktives Vermeidungstraining«[9] erfolgen kann, beruht auf Sozialisation, Internationalisation.

Diese Sport-Vereinbarungen schaffen sich die Sporttreibenden selbst. In freiwilliger, oft mühsamer Zusammenarbeit entstehen international-abgestimmte Verhaltensweisen zum Zweck der Kommunikation. Heute legt die Spielmannschaft einer Grundschule oder eines Dorfvereins Wert darauf, nach gleichartigen gültigen Regeln wie etwa eine Meister-Klasse zu spielen. Diese Sport-Übereinstimmung ermöglicht gegenseitiges Beurteilen, Werten, Vergleichen bei gleichen Chancen und provoziert durch diese Auseinandersetzung eine permanente Entwicklung neuer Lerntheorien und Lehr-Erkenntnisse. Sport bedeutet Herausforderung des einzelnen, beruht aber auf Partnerschaft. Die Spielregeln im Sport werden nicht nur fortlaufend der technischen Entwicklung entsprechend angepaßt, sondern schließen auch Verhaltenswertmaßstäbe, z. B. »sportliches« Verhalten ein. Sie sind bezogen auf Weltoffenheit, auf eine mögliche Kooperation. Der Sport entwickelte einen eigenen Sozialkodex, der durch pragmatische Einsichten das gemeinsame Handeln bestimmt. Johan Huizinga deutet den Sport als einen »Faktor eines fruchtbaren Gemeinschaftssinnes« und erklärt, wie die »angestrebte Norm einer menschlichen Gemeinschaft« sich »inzwischen von einem Nebeneinander von Klans und Stämmen zu einem Zusammenleben großer Völker und Staaten erweitert hat. Das Völkerrecht entspringt in der agonalen Sphäre als ein Bewußtsein: Dies ist gegen die Ehre, gegen die Regeln.«[10]

Gewandelt hat sich unser Bild vom Menschen. Nicht nur Reifen, Reif-Werden, ist das eigentliche Ziel der menschlichen Existenz, sondern das bewußte Gestalten der Existenz, die Entscheidungs-Freiheit und das Entwickeln persönlicher Wertmaßstäbe für diese Entscheidungen. Das gilt auch für den Sport. Organe können reifen, aber nicht die Geschicklichkeit, die gerade im Sport notwendige verfeinerte Selbststeuerung; sie muß erworben werden, sie muß geübt, gelernt und selbständig im sportlichen Handeln angewandt werden.

Neuere Lerntheorien bauen auf den Vorstellungen von einem Selbstverwirklichungs-Prozeß auf, der sich in fortwährender Vertiefung, Verbreiterung und Differenzierung von Fertigkeiten, Kenntnissen und Einsichten als individueller Lern- und Bestätigungsprozeß darstellt. Der »statische« Begabungsbegriff wich einem »dynamischen«: Begabung als sich-begaben, Befähigung als sich-befähigen. Die Lehr- und Unterrichtshilfen beruhen darum nicht mehr vorwiegend auf einem festgelegten Bildungskanon, sondern zielen darauf, Spontaneität und Selbständigkeit im Denken und Handeln herauszufordern und das individuelle Anspruchsniveau systematisch zu erweitern.

Diese Einsichten der neueren Lerntheorie und Sportpädagogik lenken die Aufmerksamkeit vermehrt auf den Bewegungsdrang kleiner Kinder und ihren Hang zu selbständigem Handeln. Deshalb sollte man besonders für die Frühphase das Bewegungsspiel, den Sport als Erfahrungs-Medium hervorheben. Das Kind liebt den »Umgang mit dem Risiko«, es braucht das Leben mit Herausforderungen und Konflikten; wer ihm diese Erfahrungen vorenthält, behindert sein selbständiges Lernen. Das Kind handelt aus Bewegungslust und Spielfreude, aus innerem und äußerem Angeregtwerden. Seine Handlungen sind jedoch abhängig von den Situationen, in denen es lebt und aufwächst. Die Chancen der Aufforderungen sind darum bei dem einen Kind umfassender und differenzierter als bei dem anderen. Im Sport-Lernen sind diese Chancen aber durchaus nicht vorwiegend von dem sozialen Milieu bestimmt, sondern in viel stärkerem Maße von der Freiheit, in der ein Kind sich selbst auf die Probe stellen darf.

1.3 Sachbezogenes, nicht alters- und geschlechtsbezogenes Lernen – Zur Kritik an phasenspezifischen Theorien

Bisher sind immer noch viele Lehr- und Lerntheorien *phasenspezifisch* festgelegt. Sie gehen von der Annahme aus, daß sich die menschliche Entwicklung in Schüben vollzieht, die für die Erziehung Bildungsstufen darstellen. Diese Theorien sind anfechtbar und müssen hier an einigen Beispielen kritisch behandelt werden: Wer das Lernen als permanenten Prozeß betrachtet, der auf freies Verfügen-Können, auf Entscheidungswilligkeit gerichtet ist, wird vorsichtig im Festlegen von alterszugeordneten Verhaltensweisen.

1. Beispiel: Der für das 1. Schuljahr häufig zitierte »Übergang vom Spiel- zum Lernalter« [11] kann nicht konkretisiert werden, denn weder das sogenannte »Spielalter« noch das sogenannte »Lernalter« lassen sich gegeneinander abgrenzen. Spielen und Lernen sind vom 1. Lebensjahr an Prozesse, die sich gegenseitig durchdringen. Das Kind lernt durch Spielen, und es kann erst spielen, wenn es Spielelemente beherrscht. Ein fünf Monate altes Kind zum Beispiel stößt sich in seinem Sprunghopser vom Boden ab und lernt bei diesem lustvollen »Spiel«, seine Abstöße allmählich gezielter zu steuern. Es entwickelt im Spiel seine Stemm- und Stoßkraft der Füße und lernt allmählich, diese Bewegungen zu dirigieren, zu koordinieren und sich räumlich zurechtzufinden. Ähnliche Prozesse, die das Spielen und Lernen zu einem *integrierten Vorgang* machen, ergeben sich in Tast-Greifspielen mit bewegten Gegenständen, in Kriech-Kletter-Proben u. a. Oder: der Sechsjährige lernt den Fußball zielgerecht zu treten, weil er erfolgreich mit anderen zusammen spielen will. Ein befriedigendes, wechselweise anregendes Zusammenspiel gelingt nur bei gleichartiger Spielfertigkeit.

Die in einem gezielten Lernprozeß erworbene Bewegungsfreiheit setzt sich also wieder in Spielhandlungen um; umgekehrt motivieren Spielfreude und Spielerfolg zu weiterem Lernen.

2. Beispiel. In den 1960 erlassenen Richtlinien für die Leibeserziehung wurde erst von der 3. Stufe an (10–12 Jahre) hervorgehoben, »Spielverhalten in Mannschaftsspiel und Wettkampf« zu pflegen.[12] Tatsächlich aber beginnt die Fähigkeit zu *Spiel und Wettkampf in der Gruppe* nicht erst bei Zehnjährigen, sondern mit den entsprechenden Aufgaben schon bei Fünf- und Sechsjährigen. Auch sie entwickeln bereits ein Verständnis dafür, daß Sport und Bewegungsspiele partnerschaftlich bezogen und auch in elementaren Formen Gruppenprozesse sind.

3. Beispiel: W. Hansen sagt in seiner Beschreibung der 1. Bildungsstufe (6–8 Jahre), daß sechsjährige Kinder in der Regel bereit und fähig seien, »sich gewählten oder gestellten Aufgaben des Handelns hinzugeben und sie in altersentsprechendem Ausmaß bis zur Erledigung durchzuhalten«. Nach unseren Erfahrungen gilt dies aber auch schon für den Elementarbereich der Vier- bis Sechsjährigen, die sich konzentriert schwierigen Gleichgewichtsaufgaben, zum Beispiel im Balancieren auf einem Kugelteller oder einem Koordinierungs-Spiel mit zwei Luftballons (Bild 1 und 2), »hingeben«. Auch Kinder dieser Altersgruppe bemühen sich bereits, sachgerecht zu helfen (Bild 4 und 5). Denn Hilfeleistungen und das Erfüllen gestellter Aufgaben tragen auch bei ihnen zu gesteigerter Selbstachtung bei. Gerade diese auf sorgfältige Erfüllung gerichtete *Handlungsbereitschaft* gilt es über alle Schuljahre zu erhalten: sie ist also nicht nur für eine bestimmte Bildungsstufe relevant.

4. Beispiel: Auch das der 2. Stufe zugeordnete: »Die Kinder werden in der Beurteilung ihres Tuns selbständiger« beginnt schon am ersten Schultag oder früher. Schon der Schulanfänger kann und soll Wertmaßstäbe sportlicher Bewegungsabläufe verstehen lernen. Und Selbständigkeit aus Selbstverantwortung läßt sich gerade im Sport, der selbständiges Handeln beinhaltet, mit entsprechenden Aufgaben bereits im 1. Schuljahr entwickeln und ständig herausfordern.

Entgegen den phasenspezifischen Theorien gilt also als empirisch belegbare Feststellung: Bewegungsfertigkeiten und Einsichten in Zusammenhänge mit dem Ziel selbständiger Handlungsfähigkeit werden vom Kind während der gesamten Vorschul- und Schulzeit erworben. Die damit verbundenen *Lernqualitäten* – Neugier, Interesse, Konzentration, Ausdauer, Sachzuwendung – sind mehr oder weniger ausgeprägt schon bei Drei- und Vierjährigen zu beobachten und können entsprechend entwickelt und eingesetzt werden. Dabei läßt sich die gültige Theorie vom Sporterlernen, nach der das Kind zuerst naiv und unreflektiert lernt, nicht auf eine bestimmte Altersstufe beschränken. Denn viele Anfänger, auch Erwachsene, lernen zum Beispiel Schwimmen oder Skifahren zuerst »naiv«, lernen durch entsprechende Bewegungsaufgaben im Sinne eines Problem-Löse-Verhaltens. Es handelt sich

also auch bei dem anschaulich-naiven Lernen nicht um einen altersgebundenen, sondern um einen sachgebundenen Anfänger-Lernprozeß.
Aus *entwicklungspsychologischer* Sicht ist dabei allerdings zu berücksichtigen: Je jünger das Kind ist, desto mehr ist es noch abhängig von einer ihm zugeneigten Atmosphäre, einem schützenden seelischen Klima. Erst allmählich und nur durch systematische Hilfe beim Ablösen von der Umwelt-Abhängigkeit entwickeln sich freie Entscheidungen und Meinungen. Ein solcher Prozeß der Verselbständigung kann bei entsprechendem Familien- oder Umweltklima schon bei Fünf- und Sechsjährigen beobachtet werden. Diese Kinder lernen abstrakter, sachwertbezogen und damit auch schon in einer Art kritischer Distanz.
Nicht selten verhindern unsere *dirigistischen Erziehungsformen* diese frühzeitigen Emanzipationsversuche. Noch immer scheinen sich gerade im Sport die Drill-, Kommandier- und Befehlsformen besonders zu halten, und mancher Pädagoge entschuldigt sie mit Sicherheitsmaßnahmen. Im Gegensatz dazu betonen neuere, pädagogisch orientierte Sorgfaltsrichtlinien, daß der neuzeitliche Unterricht vom Lehrer »das Eröffnen von Situationen verlangt, in denen der Schüler Erfahrungen sammeln und verantwortlich handeln«[13] kann. Diese neu interpretierte »Sorgfalts- und Aufsichtspflicht des Lehrers« führt also nicht mehr über Verbieten, Einschränken, Unterordnen, sondern über das »Eröffnen von Situationen«[14] zur Selbstdisziplinierung des Schülers. Auch der Sport hat hier mit seinen verschiedensten Rollen und Funktionen (Spielleitung, Schiedsrichter, Partner- und Gruppenaufgaben) die Chance, verantwortliches Handeln erfahrbar zu machen und einzuüben. Selbstverständlich bedeuten diese pädagogisch intendierten Sporthandlungen noch keine *»Charakterschule«*. Aber wenn sie dazu beitragen, daß der einzelne lernt, im konkreten Fall sein Verhalten zu kontrollieren, dann schaffen sie dadurch doch Voraussetzungen für einen *Bewußtseins- und Verhaltenstransfer*. Und so kann es möglich sein, daß auch sportliches Handeln zu allgemeinen, für die Lebensführung wichtigen Einsichten führt.
Einem solchen Ziel stehen heute auch noch manche Aspekte der Rollenfestlegung innerhalb der Bildungsstufentheorie im Wege. Dabei wurden vor allem die *Mädchen* benachteiligt. Denn das in phasenspezifischen Theorien und im allgemeinen Bewußtsein vorgegebene Bildungsklischee war der *Emanzipation* der Mädchen

besonders hinderlich. Warum wird beispielsweise im 4. und 5. Schuljahr der neuen Rahmenrichtlinien für die Leibeserziehung an den Schulen der Bundesrepublik Deutschland (Beschluß der KMK vom 3. 11. 1966) behauptet: »Die Mädchen bevorzugen die menschliche Beziehung zu einzelnen Mitgliedern der Gruppe«? Warum »muß berücksichtigt werden, daß die Formen rhythmischer Bewegungsgestaltung den Mädchen dieser Phase angemessen sind und einer besonderen Pflege in Bewegungsspiel und Tanz bedürfen«? Warum werden eigentlich Jungen auf Fußballspielen und Mädchen auf Gymnastik und Tanzspiele »programmiert«? Vor einigen Jahren erhielt ich den Brief einer Achtjährigen: »Ich spiele mit meinen Brüdern sehr gern Fußball. Bitte schreiben Sie mir, wo ich gut Fußballspielen lernen kann.« Heute könnte diesem Kind geholfen werden; innerhalb weniger Jahre haben sich mehr als 1000 Frauen-Fußballvereine gebildet. Mädchen und Frauen sind zu Mittel- und Langstreckenläufen zugelassen, sie nehmen mit Erfolg am Marathonlauf, am 100-km-Lauf in Biel (Schweiz), und sogar am 100-Meilen-Lauf in Sacramento (USA) teil und siegen im Military-Sport.

Die traditionelle Rollenfixierung scheint also im öffentlichen Sport überwunden, nicht dagegen in der Schule. Hier helfen nur *koedukative* Sportkurse, in denen der einzelne Schüler seine besondere Befähigung erfährt, die nicht an ein geschlechtsspezifisches, sondern an ein Sach-Lernprogramm gebunden ist.

2. FRÜHPHASE UND ELEMENTARES SPORTLERNEN

2.1 Lernsituation und Lernverhalten – Über das »situative« Lernen

Jeder gesunde Mensch besitzt zumindest als Anlage die Fähigkeit zur Bewegung. Aber das Maß, in dem er diese Anlage entwickelt, ist unterschiedlich. Es hängt von den Steuerungsmechanismen ab, mit denen er frei über seine Bewegungen verfügt, also von der Qualität seiner *sensomotorischen Strukturierung.* Je differenzierter seine Möglichkeiten des Wahrnehmens, Unterscheidens und Verfügens sind, um so mehr bildet er seine Bewegungsfertigkeiten aus, um so qualifizierter entwickeln sich seine Lernleistungen.
Solche Steuerung und Koordination von Antrieben physischer und psychischer Art lassen sich durch entsprechende *Herausforderungen* schon sehr früh unterstützen. Dabei sind diese Herausforderungen im ersten Lebensmonat vorwiegend motorischer Art: Das Kind ist noch darauf angewiesen, bewegt zu werden, und deshalb beruht sein Lernen in dieser Phase noch ausschließlich auf Stimulationen, auf Reizen, die bei ihm Reaktionen auslösen. Schon bald aber entwickelt sich die Fähigkeit zu selbst-dirigierten Bewegungen. Und mit ihr werden immer neue Bewegungserfahrungen möglich, die zu ersten Einsichten und zu erstem Selbstverständnis beitragen: Der erste freie Schritt, das erste freie Balancieren lösen beim Kleinkind oft lautstark geäußerte Freude an der gewonnenen Bewegungsfreiheit aus. Und selbst beim Erwachsenen erkennt man noch an seiner Art, sich zu bewegen, sein Gesamtbefinden: sein Wohl- und sein Mißbefinden, seine Ungestörtheit oder Gestörtheit, ob er müde oder frisch, abgespannt oder ausgeglichen ist, und ob er sich selbstsicher oder haltlos fühlt oder verhält. Bewegungsarmut, Bewegungsmangel und Bewegungsschwächen bedeuten deshalb nicht nur physische Beeinträchtigungen. Sie verhindern auch eine freie psychische Entfaltung. Denn anders als der Versehrte, der sich selbst zu befähigen versteht, ist der Bewegungsgehemmte oft psychisch behindert und fühlt sich durch seine Beengtheit belastet.
Sprache und Bewegung unterliegen ähnlichen Gesetzen: Sprache beruht nicht nur auf dem Erwerb von Sprachfertigkeit, auf einer

sinnvollen Verbindung von Worten und Satzgebilden, von Ton- und Klangvarianten, sondern auf einem persönlich-gestalteten geistigen Konzept, auf kreativer Ausdrucksfähigkeit. Auch Bewegung wird erst zum brauchbaren Wahrnehmungs-, Ausdrucks- und Selbstdarstellungs-Instrument durch beherrschte Bewegungsfolgen, durch eine gestaltete Bewegungsordnung. Die Selbstbefähigung in Sprache oder Bewegung hängt von einem ebenso reichhaltigen wie subtilen, von einem sorgsam bedachten Angebot ab: *Wie* ein Neugeborenes bewegt wird oder *wie* ein Kind seine Selbst-Bewegungen erfährt. Ein versehrtes Kind zum Beispiel, das ohne den Gebrauch der Hände sein Leben führen muß, entwickelt eine übermäßig verfeinerte Gebrauchsfähigkeit seiner Füße und Zehen. Erst durch die Herausforderung der Selbst-Hilfe in einer Behinderten-Situation entdeckt dieses Kind seine Möglichkeiten. Dieses auf seine Fußgeschicklichkeit angewiesene Kind übertrifft darin bald seine unversehrten, normal die Hände benutzenden Altersgefährten.

Unter solchen übergreifenden Gesichtspunkten ist es auch für spätere sportliche Leistungen wichtig, daß der menschliche Bewegungsreichtum durch Aufgaben erschlossen wird, die jedem einzelnen Kind in seinem individuellen Bedürfniszustand entsprechen. Möglich ist das nur in einem fortlaufenden *Lernprozeß,* in dem Lernanstöße von außen und eigene Selbstbefähigungen miteinander korrespondieren. Dabei sind gerade die bisher wenig beachteten frühen Lernprozesse entscheidend für das Bewegungsverhalten und mithin auch für das spätere Sportverhalten eines Menschen.

Die wichtige Frühphase motorischer Differenzierung beginnt schon vor der Geburt. Mit den ersten sicht- und fühlbaren Bewegungen weiß auch die Mutter: Mein Kind lebt, denn es bewegt sich. Sie spürt diese Bewegung frühestens im dritten Lebensmonat, aber schon im zweiten Monat können »die Muskeln der Arme und des Körpers bewegt werden«[15]. Das Kind bewegt sich intensiv, bevor es ein Eigenleben führt. Dabei differenzieren sich seine Bewegungen mehr und mehr. In der sechsten und siebenten Woche fangen Nerv und Muskel an, gezielter zusammenzuarbeiten, und »am Ende des dritten Monats kann das Kind schon mit den Beinen stoßen, die Füße drehen, den Daumen bewegen, das Handgelenk beugen, den Kopf drehen, schielen, die Stirn runzeln, den Mund öffnen und die Lippen fest zusammenpressen«[16]. In dieser Zeit ändert sich die »Qualität der Reaktionen. Sie sind jetzt nicht mehr marionettenartig oder mechanisch. Die Bewegungen werden anmutig und gleichmäßig wie bei einem Neugeborenen«. Außerdem zeigt jedes Kind »gegen Ende des dritten Monats eine höchst individuelle Verhaltensweise«[17]. Im vierten Monat wird der Kopf aufrecht gehalten, im sechsten ist das Kind lichtempfindlich, öffnet die Augen. »Wenn das Baby wach wird, bewegt es sich frei in der Flüssigkeit umher, wobei es sich seitwärts und manchmal auch kopfüber dreht.«[18]

Der Embryologe D. Hooker filmte in dreißig Studienjahren die Bewegung zu früh geborener Kinder, die nur kurze Zeit außerhalb der Mutter lebten. Durch dieses umfangreiche Dokumentationsmaterial wurden viele Einzelaktionen des *vorgeburtlichen Bewegungslebens* zum ersten Mal genau fixiert. Sie belegen die Einsicht, daß das Baby zur Vorbereitung auf die Geburt »ständig die lebenswichtigen Funktionen des Atmens, Essens und Bewegens« übt und verbessert. Dabei zeigt es »abwechselnd Perioden der Aktivität und der Ruhe und erweckt damit den Eindruck, es schlafe zwischendurch ein wenig und mache sich danach Bewegung«[19].

Für das *Neugeborene* sind die ersten Atemzüge nach der Geburt »die schwersten des Lebens«, denn sie erfordern »fünfmal soviel Kraft ... wie ein gewöhnlicher Atemzug, weil Tausende von winzigen und unentfalteten Luftbläschen der Lunge erst geöffnet werden müssen«[20]. Das erste Schreien befreit die Atemwege vom Schleim; gleichzeitig zeugt es von der ersten Eigenaktivität: »Der Schrei, die erste Äußerung des Menschen ... ist Ausdruck; vermittels des leiblichen Geschehens äußert das kleine Wesen sich als Ganzes.«[21] »Fünfzehn Minuten nach der Geburt wendet sich das Baby dem lange geübten Saugen zu.«[22] Beim Saugen tastet, klammert sich das Kind an einen anderen Menschen und empfindet die warme Haut-Berührung. Warum wird dieses natürliche Verhalten des sofortigen Saugens oft bis 24 Stunden hinausgezögert? F. Weinert bezeichnet zwar ein Neugeborenes als »ein passives, reflektorisch reagierendes, völlig hilfloses Wesen«, betont aber, daß schon bei der Geburt ein »personspezifisch primäres Verhaltensinventar« nicht »ausschließlich erbtheoretisch zu interpretieren« sei. Es spielten vielmehr auch »Einflüsse während der Schwangerschaft und während des eigentlichen Geburtsvorganges eine beachtliche Rolle«[23].

Wirkt sich in dieser Zeit enger Lebensgemeinschaft das Verhalten der Mutter, ihre Bewegungsgestimmtheit, ihre Bewegungssicherheit auf das Kind aus? Wir wissen darüber wenig. Wir kennen nur Beispiele negativer Einwirkungen durch Infektionskrankheiten, Medikamente, oder durch Überbelastung, Erschöpfung. Aber auch die Erkenntnis negativer Einwirkung führte manchmal nicht zur Verhaltensänderung: »Hamburger warnte die Mütter vor der Gefährlichkeit des Nikotins, das in die Frauenmilch übergeht. Und die Wirkung dieser Warnung? Die Mütter stillten ab und rauchten weiter.«[24] Die Wirkung eines Zuges an der Zigarette läßt sich schon im Blut des Embryos nachweisen. Informationsreiche Einsichten und das daraus abzuleitende Verantwortungsbewußtsein für das Gesundheitsverhalten sollten mehr als bisher den Sport auch schon in der Grundschule bestimmen. Was nutzen dem Schüler summarisch erlernte Fertigkeiten, wenn er sie nicht im Zusammenhang seines persönlichen Bewegungslebens und seines Alltagsverhaltens kritisch einsetzt? Welcher Sportunterricht orientiert zum Beispiel Jungen wie Mädchen über das Bewegungsverhalten der Neugeborenen oder junge Mädchen über ihr Bewegungsverhalten während Schwangerschaft und Geburt? Welchen Sport darf sie treiben? Wie lange? Wie intensiv? Darf jede Frau Sport treiben oder nur die sportlich geübte Frau die von ihr beherrschten Sportarten? Gibt es Sportarten, die wegen Unfallgefahr gemieden werden sollten? Von der Ablehnung des Sports bis zur Befürwortung reicht die Skala der Ratschläge, die die Unsicherheit im Verhalten junger Eltern noch steigert. Trägt, umgekehrt gefragt, die Schwangerschaft zu einer Minderung oder zu einer Verbesserung sportlicher Leistungsfähigkeit bei? Darauf antworteten E. J. Klaus / H. Noack 1961 bei ihren Untersuchungen »Schwangerschaft und Sport bei Meistersportlerinnen«[25]. Sechs von fünfzehn Spitzensportlerinnen erreichten ihre Rekorde erst nach ihrer Schwangerschaft. Sie gaben an, »nach der Schwangerschaft zäher, ausdauernder und kräftiger geworden zu sein. Die objektiven Leistungen waren bei zehn Frauen, die weiter Sport getrieben haben, nur in zwei Fällen bloß gleichbleibend; alle anderen hatten bessere Leistungen.«

E. J. Klaus / H. Noack sahen ebenso wie W. Pfeifer[26] die Ursache für diese besseren Leistungen in der »Trainierung« des mütterlichen Organismus »durch den Leistungsanspruch bei der Schwangerschaft. Die Vermehrung der Blutmenge und die hohe Stoffwechselbelastung wirkten sich nicht wie eine Krankheit, sondern wie ein intensives, Tag und Nacht währendes körperliches Training von neun Monaten Dauer aus«. Untersuchungen von

F. Henke haben weiter »gezeigt, daß es außerdem in der Schwangerschaft eine echte Ausbildung von Muskelfasern gibt«. Toth hat schließlich myotonometrisch einen unerwartet-hohen Muskeltonus bei Schwangeren gefunden.[27]

Zeiten einer tiefgreifenden physischen und psychischen Verhaltens-Umstellung im Sinne einer Schwangerschaft können für eine sportlich-geübte Frau zugleich eine neue Selbstorientierung im Sinne einer möglichen Verfeinerung ihrer Wahrnehmungs- und Empfindungsfähigkeit bedeuten. Die japanische Olympiasiegerin Keiko Ikeda berichtete mir, daß sie zehn Tage nach der Geburt ihres Kindes einen Handstand mit weniger Kraftanstrengung als vor der Schwangerschaft ausführte. Sie konnte nach der Geburt ihr Gleichgewicht sensibler steuern, ihre Koordinationsfähigkeit hatte sich indirekt, also ohne direkte Gleichgewichtsübung, verbessert. Hatte sich ihr Wahrnehmungs-Unterscheidungsvermögen aber nicht nur darum vertieft, weil sie ihren Zustand der fortwährend veränderten Kraft-Last-Verhältnisse reflektierend aufnahm, weil sie »lernend« und darum in ihrem Verhalten »intelligent« reagierte? Zur Erhaltung ihrer Bewegungsleistungen auch nach der Geburt hatte sie sich z. B. regelmäßig während der Schwangerschaft an eine Reckstange hochheben lassen, um ihr vermehrtes Körpergewicht »im Griff« zu behalten.

Auch G. Dick-Read baut seine Theorie von der »schmerzlosen Geburt«[28] auf diesem Informiert-Sein über den Vorgang, auf dem einsichtigen Handeln und den unterstützenden Bewegungen der Mütter auf. Der Geburtsvorgang sollte nichts Furchterregendes, Fremdes sein, sondern in allen Phasen selbstbewußt mitvollzogen werden; dafür läßt er systematisch das Spannen und Entspannen der benötigten Muskeln üben. Ein leistungsstarker Kreislauf, eine spannkräftige und zugleich elastische Muskulatur sind nicht nur physiologische Hilfen. Sie erleichtern in Zeiten der vermehrten Belastung die Bewegungssituationen. Wieviel psychische Beschwernisse würden vermindert durch ein »intelligentes« Bewegungsverhalten z. B. im Tragen der 10 bis 15 kg Mehrbelastung während der Schwangerschaft. Eine bewegungsbewußte und haltungsorientierte, d. h. sich in ihrem Verhalten kontrollierende Mutter fühlt sich trotz Schwangerschaft frei: Sie bewegt sich leichtfüßig, sie schwimmt oder läuft. Sie verhält sich bewegungsrichtig, bewegungs-entsprechend, beim Stehen, Sitzen, Bücken, Heben, Tragen, Treppensteigen u. a. Unbeschwertheit und Sicherheit verhelfen wiederum zu vermehrtem Selbstvertrauen; sie verhindern »Ängstlichkeit« und dadurch Verspannen, Verkrampfen. Aus der sogenannten »Schmerzlosigkeit« der Geburt, aus einer schnelleren, weil aktiv-unterstützten Austreibungsperiode ergeben sich folgerichtig auch befreiende Verhaltensweisen nach der Geburt. Wenn Mutter und Kind die Anstrengungen schneller überwinden, erleben sie dadurch nicht auch die ersten wechselseitigen Kontakte intensiver, bewußter anteilnehmend?

Auf diese ersten Lebensstunden kommt es an, sagen Kinderärzte, auf die ersten Tage und Wochen und die darin systematisch fortgesetzte *Erweiterung von Bewegungsaktionen*, die dem Kind schon aus seinem vorgeburtlichen Leben vertraut sind. Wir filmten Neugeborene fünfzehn Minuten nach der Geburt und dokumentierten die sogenannten Kletter-, Kriech-, Lauf- und Schwimmbewegungen in ihrer erstaunlichen Intensität. Dadurch belegten wir die These von Prechtl, der sagt, daß das neugeborene Kind gleich nach der Geburt über eine Anzahl von Verhaltensweisen verfügt, »die vollkommen koordiniert und ausgereift sind und nicht erst des Erlernens und der Übung bedürfen«[29].

Schon in den ersten Lebensstunden sind diese fertig entwickelten Verhaltensweisen allerdings gefährdet, wenn sie nicht unterstützt, sondern durch falsche Behandlung eingeschränkt werden. Zu festes Wickeln der Säuglinge zum Beispiel oder dauernde Rückenlage behindern oder verhindern gar die *Eigenaktivität* des Neugeborenen. Die *Bauchlage* dagegen entspricht den gewohnten Verhaltensweisen des Neugeborenen und unterstützt daher seine Eigenaktivität. Denn in der Bauchlage kann es seine Beine anbeugen, die Hüftgelenke bewegen, den Kopf heben und mit Fingern und Zehen tasten.

»Aufgrund von Lagerungsversuchen an über 1200 Kindern erweist sich die Bauchlage im Hinblick auf ihre phylogenetische und ontogenetische Bedeutung für die Förderung der neuromuskulären Fähigkeiten und die Entwicklung des aufrechten Ganges als eine dem Neu- und Frühgeborenen zumutbare, natürliche Schlafhaltung. Aus der Bauchlagerung vermag sich der für die statische und motorische Entwicklung so bedeutsame Labyrinthstellreflex auf den Kopf am leichtesten einzustellen. Die Säuglingsschlafhaltung auf dem Rücken ist wahrscheinlich das Ergebnis sehr alter zivilisatorischer Einflüsse... Die Bauchlagerung von Neu- und Frühgeborenen wirkt sich während der ersten Lebenstage auf die Atemzahl im Sinne einer Erniedrigung und auf die Atemform als Hilfe zum Übergang in die nächst höhere Atemform aus«.[30]

Lasch, Fischer und K. S. Holt verglichen Säuglingsgruppen, von denen die eine tagsüber »auf dem Bauch, die andere auf dem Rücken lag. Der Zeitpunkt, an dem die Säuglinge den Kopf gehoben und an dem sie sich auf die Arme gestützt haben, lag bei der Gruppe in Bauchlage eindeutig früher«.[31] H. Mau kritisiert: »Im Gegensatz zu den USA, wo die Säuglinge in den Entbindungsstationen und zu Hause ganz überwiegend auf dem Bauch gelagert werden ... liegen unsere Säuglinge gerade umgekehrt im wesentlichen auf dem Rücken und werden lediglich zusätzlich, vielfach auch noch eng gewickelt, abwechselnd auf die rechte und linke Seite gedreht. Nur kurzfristig, wenn überhaupt, legt man die Kinder auf den Bauch, meistens nach dem Windeln und im Anschluß an das Füttern. So will es die Tradition in deutschen Familien, so lernen es unsere Schwestern während der Ausbildung«.[32] H. Mau ruft 1969 »Gynäkologen, Pädiater, praktische Ärzte und Orthopäden sowie Hebammen und Säuglingsschwestern« zum Umlernen auf. Ein Säugling, der sich von der ersten Lebensstunde an in der Bauchlage ohne behindernde Kleidung frei bewegt, übt seine Druck-, Tast-, Tret- und Stoßbewegungen der Beine, der Füße, der Zehen, übt das Tasten, Greifen, Klammern, Stützen seiner Finger und Hände.

Solche Ergebnisse zeigen, wie wichtig es ist, daß ein Kind vom ersten Lebenstag an systematisch gezielte *Bewegungsaufforderungen* erhält. Denn das spätere Leistungs- und Lernverhalten der Kinder im Sport ist auf solche fördernde oder hemmende Früherfahrungen zurückzuführen. Dies gilt vor allem für die Koordination von Bewegungen, für die Geschicklichkeit, das bewegungsoffene, reaktionssichere Verhalten. An Beispielen soll gezeigt werden, wie wichtig vom ersten Lebenstag an solche »situativen Aufforderungen« sind, d. h. das Herauslocken von Reaktionen durch Situationsveränderungen, um die dem Kind verfügbare Motorik zu vervollkommnen.

1. Beispiel: Heben des Kopfes. Das Kind wird mit kräftigen Rükkenmuskeln geboren. Es reagiert schon in den ersten Lebensstunden in der Bauchlage mit einem kurzen Anheben des schweren Kopfes, dessen Gewicht ein Drittel des Körpergewichts beträgt. Unsere Dokumentation ergab: Ein neun Tage altes Baby hält den Kopf schon 10 Sekunden, ein 16 Tage altes Baby hält ihn 33 Sekunden. Nur aus der Bauchlage reagiert das Kind mit diesem Kopfheben aus eigenem Antrieb. Dabei ist der sogenannte Kopfstellreflex – er müßte besser als Reaktion bezeichnet werden – bald als Eigenaktivität erkennbar. Der Kopf wirkt dabei als Gewichtsbelastung für die Rückenstreckung und stärkt den späteren Haltungsaufbau. Das Kind wiederholt und steigert in den ersten Wochen selbständig seine Aktionen: Es dreht und wendet den Kopf frei; es lernt, sich umzuschauen; es stützt sich mit Händen und Fingern ab; es verfolgt Bewegungen mit den Augen, beginnt eine Hand frei zu heben und mit ihr zu greifen.

2. Beispiel: Beweglichkeit und Tastsinn der Füße. Das Kind wird mit tastfähigen, greifbeweglichen Zehen geboren. Es drückt und preßt mit kräftigen Zehen, in der Bauchlage rutschend, sein Körpergewicht vorwärts. Diese vielgliedrigen Spreiz- und Greifbewegungen der Zehen, das Beugen, Strecken, Stoßen, Treten der Füße und Beine sind sowohl in den Laufbewegungen wie im Schwimmverhalten des Säuglings nachzuweisen.[33] Sie lassen sich trainieren: streichendes Berühren der Fußsohle löst zunächst ein reflexartiges Umklammern oder Gegendrehungen des Fußes aus, wird aber schon bald vom Kind als auffordernder Impuls wahrgenommen. Solche Tast- und Berührungsspiele, bei denen der Erwachsene die Impulse gibt, lösen beim Kind freudige Anteilnahme aus und lassen den Drang nach Wiederholung erkennen. Denn in solchem »hantierenden Umgehen« erfährt das Kind zuerst seine Umwelt. Dabei sind es besonders die »Druck- und Bewegungsempfindungen im Zusammenwirken mit den kinästhetischen, durch die sich im Erleben des Kindes bestimmte Gestalten ... ausgliedern«[34].

Wie sehr sich durch entsprechende »situative Aufforderungen« die Beweglichkeit und der Tastsinn der Füße ausbilden lassen, sieht man an Kindern, die mit ihren Zehen und Füßen schreiben und ihr Eßbesteck mit den Füßen gebrauchen lernen müssen, oder an Erwachsenen, die lernen, mit den Zehen die Schreibmaschine zu bedienen.[35] Der Orthopäde W. Thomsen besitzt einen Film über die Fußgeschicklichkeit des durch Geburtseinwirkung armgelähmten Kanadiers Watson. Er führt alle Tätigkeiten mit Zehen und Füßen aus; hebt geschickt die Kaffeetasse hoch, trinkt, schenkt aus der Kanne nach, zündet sich eine Zigarette an, hält den Schreibstift mit den Zehen, schreibt klar leserlich, faltet das Kuvert, bindet sich seine Krawatte. Watson fühlt sich trotz seiner Versehrtheit nicht behindert.[36]

Ebenso verweisen eine zehnjährige griechische Ziegenhirtin am Alpheiosfluß, die wir barfuß über Kieselsteine und Geröll rennen sahen, oder mexikanische Indianer, die in ihrem traditionellen

180 km-Wettlauf mit ungeschützten Füßen über die rauhen Gesteine der Anden laufen, auf die Selbstbefähigung des Menschen. »Viel feinfühliger, als wir es meist innewerden, sind die Fußsohlen. Im Blindenunterricht rät man den Hausfrauen, beim Reinemachen barfuß zu gehen. Ihre Fußsohlen spüren den Staub, den ihre Augen nicht sehen können... Mit der Pflege des Tastsinnes könnten wir den Erlebniskreis aller unserer Sinne wesentlich erweitern.«[37]

3. Beispiel: Baby-Schwimmen. Jedes Neugeborene kann sich im Wasser vorwärtsbewegen. Seine Kletter- und Kriechbewegungen erscheinen hier als koordinierte »dog-paddle«-Bewegungen. Als Fluchtbewegungen aus einer ungewohnten Situation sind sie besonders intensiv. Je sicherer sich aber das Neugeborene durch regelmäßige Wassergewöhnung in dieser Situation fühlt, desto ruhiger koordiniert es seine Schwimm-, Dreh- und Vorwärtsbewegungen. Schwimmversuche sollten deshalb schon in den ersten Lebenswochen beginnen (Bild 6–7). Die Kinder werden dabei in Rücken- oder Bauchlage unter Kopf und Schulter gestützt. Allmählich wird weniger Hilfe geleistet, bis sich das Kind frei in einer Schwebelage hält. Dabei steuert es sein Gleichgewicht selbst und verfeinert zusehends seine *Koordinationsfähigkeit.* Wir konnten feststellen, daß Kinder im 5. und 6. Lebensmonat bereits zwischen drei und neun Minuten ohne Hilfegebung in solcher »freien« Rücken-Schwebelage zubrachten.

Sicheres Bewegungsverhalten im Wasser ermuntert das Kind zu weiteren zielbewußten Versuchen: Es schwimmt sich »frei«. Diese Schwimmbewegungen des Neugeborenen werden allgemein als rhythmischer, also koordinierter angesehen, als die Kriechbewegungen.[38] Versuche von M. McGraw ab dem 11. Lebenstag und von A. Meyerhofer[39] ab dem 10. Lebenstag bestätigen diese Aussagen. C. Timmermanns gewöhnte ihren vier Tage alten Sohn an das Schwimmverhalten: »Mit einer Hand unter Kopf und Nakken bewegte ich ihn langsam rück- und vorwärts... Ich fühlte, wie er sich innerhalb von zehn Sekunden im Wasser entspannte... Mark kickte mit den Beinen und bewegte seine Arme...« Die amerikanische Schwimmlehrerin V. H. Newman berichtet nach Melville's Buch »Taipi« noch erstaunlichere Leistungen von Babys aus der Südsee: »Eines Tages hatte ich mich in Kory-Korys Begleitung zum Fluß begeben, um zu baden, als ich eine Frau sah, die auf einem Felsblock mitten in der Strömung saß und mit lebhaftestem Interesse dem Spielen eines Geschöpfes zusah, das ich zuerst für einen ungewöhnlich großen Frosch hielt, der sich in ihrer Nähe im Wasser vergnügte. Dieser ungewöhnliche Anblick zog mich an, und ich watete nahe zu der Stelle, wo sie saß: Ich traute meinen Sinnen kaum, als ich einen Säugling erblickte, dessen Geburt erst wenige Tage zurückliegen konnte; er planschte im Wasser herum, als sei er gerade erst an die Oberfläche gekommen, nachdem er unten am Grund ausgebrütet worden war. Von Zeit zu Zeit streckte die entzückte Mutter ihre Hand nach ihm aus, wenn das kleine Ding einen schwachen Schrei ausstieß und versuchte, sich mit seinen winzigen Gliedmaßen zu dem Felsblock hinzuarbeiten, und im nächsten Moment wurde es fest an die Brust der Mutter gedrückt. Das wurde immer wieder wiederholt, wobei das Baby jedesmal etwa eine Minute im Wasser blieb... Einige Wochen lang beobachtete ich täglich, wie die Frau regelmäßig ihr Kind in der Morgen- und Abendkühle zum Fluß hinunterbrachte und es baden ließ. Kein Wunder, daß die Bewohner der Südseeinseln sich im Wasser genauso heimisch fühlen wie auf dem Land, wenn sie auf diese Weise ans Wasser gewöhnt werden, sobald sie das Licht der Welt erblickt haben.« [40]

Schwimmleistungen von ein- bis dreijährigen Kindern sind eindeutig auf eine verbesserte Koordinationsfähigkeit durch Lernprozesse zurückzuführen. Mit drei Jahren können Kinder 30 Minuten lang frei schwimmen, können mit offenen Augen nach Gegenständen zwei bis drei Meter tief tauchen und springen vom 1-m-Brett. H. Bauermeister berichtet von über 70 Kindern, die schon vor dem Ende des 4. Lebensjahres ihre Frei- und Fahrtenschwimmprüfung bei ihm abgelegt haben.[41]

4. Beispiel: Raumorientierung. Auch die sichere Raumorientierung kann geübt und in den ersten Lebensmonaten gelernt werden. J. Koch wies nach, wie eine tägliche Übung von 30 bis 60 Minuten Säuglinge befähigt, sicher zu klettern oder zielgenau mit vier Monaten einen Becher zu umgreifen und selbständig zu trinken. Koch unterstützte in den ersten vier Wochen »Situationen, die den Transportsituationen der Kinder in primitiven Zivilisationsbedingungen« entsprechen. Später provozierte er vor allem Greif- und Stemmreaktionen. Ergebnis: die von ihm betreuten Kinder drehten sich schon am Ende des 2. Lebensmonats selbständig aus der Bauch- in die Rückenlage und am Ende des 3. Lebensmonats aus der Rücken- in die Bauchlage. Möglich war das deshalb, weil Koch nur solche Bewegungen anwendete, »an denen das Kind aktiv teilnimmt« [42].

5. Beispiel: Wahrnehmungsstimulation und sozialer Kontakt. M. Geber und R. F. A. Dean berichten, daß neugeborene afrikanische Kinder sich in einem fortgeschritteneren Stadium motorischer Entwicklung befinden als neugeborene europäische Kinder. Das afrikanische Neugeborene liegt entspannter, es steuert seine Kopfhaltung und zeigt weniger Reflexbewegungen als selbständige Aktionen. Nach dem Gesell-Intelligenz-Test zeigten diese afrikanischen Kinder im 1. Lebensjahr eine höhere Intelligenz als die europäischen. Viele Kinder »folgten schon in den ersten Tagen sich bewegenden Objekten... Spontane Aktivität war nicht selten und es war für das Kind nicht ungewöhnlich, sich auf die Seite zu legen«[43]. Diese erstaunlichen selbst entwickelten Bewegungen und gerichteten Aktionen sind wahrscheinlich auf die dauernde Mitbewegung des Säuglings beim Herumtragen durch die Mutter zurückzuführen: Die *vielseitigen Wahrnehmungsstimulationen* durch die abwechslungsreiche Lebensweise, das Hören, Sehen und Fühlen einer sich dauernd wandelnden Umwelt eröffnen dem Kind ständig neue Lernerfahrungen.

Wir sollten unsere unnatürliche, »sterile« soziale Haltung dem Kind gegenüber korrigieren. Denn das Kind – das zeigen alle unsere Beispiele – lernt zuerst situativ, d. h. es entwickelt *differenzierte Bewegungsleistungen* nur durch vielseitige, *offene Lernsituationen,* und es kommt darauf an, ihm solche Situationen zu eröffnen.

Solche Situationen allein reichen aber nicht aus, um Lernprozesse beim Kind auszulösen, auch das zeigen unsere Beispiele sehr deutlich. Voraussetzung dafür sind die nötigen *sozialen Kontakte.* Von ihnen hängt es ab, wie gut und wie rasch sich die motorische Selbstorientierung und Koordinationsfähigkeit eines Kindes entwickeln. Denn jedes Kind ist zwar vom Lebensbeginn an lernoffen und lernbereit. Aktivieren läßt sich diese Bereitschaft jedoch nur durch beeindruckende Wahrnehmungen, die das Kind von Personen seiner unmittelbaren Umgebung empfängt: Es braucht die Begegnung mit dem Erwachsenen, der für es sorgt, der es versteht, der ihm hilft und dem es vertraut. Das Kind braucht eine Atmosphäre des Wohlbefindens, um das, was an Lern- und Erfahrungsmöglichkeiten in einer Situation steckt, von sich aus zu nutzen. *Mangelnde Sozialkontakte* wirken sich dagegen immer auch negativ auf das Bewegungsleben aus. So ist das bewegungssichere Verhalten der Kinder, die wir bei unseren Schwimmversuchen ab dem 2. Lebensmonat testeten, sicherlich

mit auf den engen sozialen Kontakt mit ihren Eltern zurückzuführen, der sich durch das gemeinsame Spiel im Wasser ergab, und der dazu beitrug, daß die Kinder sehr rasch selbständig auf die immer veränderten Situationen reagierten. So ist aber umgekehrt auch das wasserscheue und bewegungsunsichere Verhalten von Kindern mit zu erklären, deren ängstliche und schwimmungewohnte Eltern ihre Haltung auf ihre Kinder übertrugen.
Solche *Ersterfahrungen* und die Reaktionen, die sie auslösen, beeinflussen das spätere Bewegungsverhalten eines Kindes erheblich. Deshalb bemühen wir uns heute mehr und mehr, unser eigenes Verhalten den Kindern gegenüber zu überprüfen. Dabei gilt das Wort von den guten oder schlechten Erfahrungen in der Frühphase verstärkt, weil das Kind eine mögliche Fehlorientierung und negative Bestätigung noch nicht durch Selbstverständnis oder Einsichten beseitigen oder ausgleichen kann.

2.2 Lernmotivation und Lernerfolg – Zur Praxis elementarer Selbstbefähigung

Ungeschickte Kinder werden nicht ungeschickt geboren, sie werden ungeschickt »gemacht«. Mangel an Bewegungsspiel, an Erfahrungen, fehlende Möglichkeiten der Eigenaktivierung sind die Ursachen. Dabei könnte man über das *Üben von Bewegungsfertigkeiten* gerade in der Frühphase oft eine weit fortgeschrittene Lernstufe erreichen.
1. Beispiel: Laufenlernen. Bevor ein Kind Gehen lernt, lernt es Laufen: es »fällt« zunächst von einem Schritt in den anderen. Aus zögerndem, unsicherem Verhalten stürzt es sich in ein rasantes, aber noch grobkantiges Laufen. Über die ausgewogene Koordination der Bewegungen, wie sie zum Gehen nötig ist, verfügt es noch nicht. Doch diese anfängliche grobmassige Koordination wandelt sich bald in ein flüssiges, beherrschtes und zielorientiertes Laufen. Und während sich die Füße anfangs noch plattenartig abwinkeln, entwickeln sie durch ständiges Üben rasch ihre volle Beweglichkeit in geschmeidiger Tast- und Greifelastizität. Diese Reaktionen verfeinern sich vor allem beim *Barfußlaufen.* Erhält das Kind die Möglichkeit, barfuß auf Sand, Gras, Steinen, auf hartem und weichem Boden und auch über Unebenheiten zu laufen, dann entwickelt es von sich aus das geschickte Tasten und Grei-

fen seiner Zehen, das für das Gleichgewicht und für die anpassungsfähige Steuerung des Haltungsaufbaus gleichermaßen wichtig ist. Jede starre Fußumhüllung, steife Schuhsohlen, zu enge oder zu weite Fußbekleidung behindern diese normalen Fußfunktionen und beeinträchtigen die Eigenaktivität des Kindes.

Aber noch etwas anderes ist wichtig, damit sich das Kind motiviert fühlt, sich selbst zu aktivieren: das *Gelände,* in dem es zu laufen und sich zu bewegen lernt. Kleinkinder rennen, stolpern, fallen. Sie stehen wieder auf und rennen weiter. Wir beobachteten Drei- und Vierjährige, die zum erstenmal die weite Fläche eines Spielfeldes betraten; sie rannten wie freigelassene junge Hunde. Wenn sie stolperten, kugelten sie sich am Boden und der eine oder andere wiederholte voller Freude dieses Hinwerfen und Kugeln aus dem Laufen heraus. Das kleine Kind benötigt deshalb den weiten, möglichst auch durch Hügel und Abhang gegliederten Bewegungsraum. Im Gegensatz zur üblichen Spielplatzgestaltung muß festgehalten werden: Das sechsjährige Kind benötigt mehr Laufraum als das vierzehnjährige. Denn nur durch weiträumiges Laufen und durch verschiedenartige Laufintensität entwickeln sich Schnelligkeit, Leichtigkeit, Bewegungsfluß, geschmeidige Federungsfähigkeit, ein reaktionsgeübter Haltungsaufbau. Eintönige, d. h. zeitlich gleichmäßig ablaufende Spaziergänge entsprechen nicht dem Bewegungsrhythmus drei- bis sechsjähriger Kinder, die dynamisch kurze Antriebe im Wechsel mit Pausen suchen: Drei- und Vierjährige rennen, bleiben stehen, hocken sich hin, um etwas zu betrachten, und rennen wieder los.

Dieser selbstgesuchte Wechsel von Antrieb und Ruhe, eine spezifische *Intervall-Belastung,* entspricht auch den Leistungsbelastungen im Vorschul- und Primarbereich. Eine Anstrengung soll niemals erschöpfen. Sie wird vom Kind selbst auch nur soweit gesucht, wie ihm die Belastung »reizvoll« erscheint. Das Ausruhen wird unterbrochen, sobald das Verlangen nach Bewegung wieder einsetzt. Kinder, die sich in dieser selbstgewählten Bewegungsfreiheit nach eigenem Ermessen üben, zeigen in der Summe ihrer Leistungen eine überraschende *Dauerleistungsfähigkeit.* Kleinkinder sind also Dauerleister: Nicht die Dauer, sondern die übersteigerte Intensität einer Leistung überlastet sie: Nicht die »Strekke«, sondern das »Tempo« tötet: Das ist auch eine wohlbekannte Trainingserfahrung.

Fazit aus diesem Beispiel: Erhält das Kind nur die Möglichkeit, unter angemessenen Bedingungen Laufen und Gehen zu lernen, dann bildet es diese Aktivitäten *selbständig* aus. Wie wichtig das für die gesamte Persönlichkeit eines Menschen ist, mag eine Bemerkung des Psychologen E. Straus belegen, der das Gehen als »Bewegung auf Kredit« beschreibt: »Der Verzagte sucht den Schwung des Körpers zu bremsen, der Zuversichtliche läßt sich von seinem eigenen Schwung weitertragen; seine Bewegungen sind fließend, gleitend, er wartet nicht ab, bis er einen sicheren Halt gewonnen hat; im kühnen Vorgriff vertraut er, daß die Zukunft der Gegenwart gnädig sein werde und mit der Freiheit wächst die Bedrohtheit, mit der Bedrohtheit die Freiheit.«[44]

2. *Beispiel: Klettern.* Sobald das Kind stehen kann, versucht es, sein Körpergewicht in schwierigen Situationen zu meistern: Im Hängen, Schaukeln und Klettern übt es seine Griffsicherheit. An den Händen des Erwachsenen läßt sich ein Ein- oder Zweijähriges gern auf und ab schaukeln. Oder es stemmt und zieht sein Gewicht die Treppenstufen hinauf. Es drückt und schiebt fremde Gewichte, wie etwa einen Kinderwagen. Es hebt und schleppt kleinere Geschwister oder Gegenstände, die dem Beobachtenden oft viel zu schwer für das Kind erscheinen. Offensichtlich motivieren solche Schwierigkeiten die eigene Aktivität des Kindes besonders. Sie sind ihm erstrebenswerte *Leistungsproben,* in denen sich das Kleinkind ausdauernd und vielseitig erprobt, wenn es Zeit und Gelegenheit dafür erhält.

Im Rahmen dieser Lernprozesse, bei denen das Kind sein eigenes Körpergewicht im Hängen, Schaukeln u. a. bewältigen muß, scheint das *Klettern* eines der wichtigsten Bewegungsphänomene zu sein. Kletterproben beginnen schon im Kriechalter und steigern sich bis zum 8./9. Lebensjahr kontinuierlich. Dabei bedeutet das Erklettern etwa einer Treppe für ein Kleinkind Verlockung und Bedrohung zugleich. Die 14 Monate alte Anja zum Beispiel kletterte, sobald die Leiter am Oberbett ihrer älteren Schwester stand, in dieses 1,80 hohe Bett hinauf und wiederholte – trotz unangenehmer Erfahrungen – diese Kletterei immer wieder.

Wie das Laufen scheint also auch das Klettern die Kinder besonders stark zu eigener Aktivität zu motivieren. Das ist verständlich. Denn die Möglichkeit, sich aus eigenem Antrieb in die Höhe zu begeben, sich hoch erhoben zu fühlen, ist für das Kind ein besonders erregendes Erfolgserlebnis. Anschaulich erfährt es dabei, wie es aus eigener Kraft Gegenkraft überwindet. Denn Kletterproben sind immer auch Proben der Eigenkraft gegenüber der Schwerkraft. Gleichzeitig erfährt es aber auch, wie es sich in

einem Konflikt aus Wunsch und Angst oft auch gegen die eigene innere »Schwerkraft« durchsetzen muß.
Solche *frühen Erfolgserlebnisse* beherrschen in einigen Autobiographien die Rückerinnerungen an die Kindheit. So berichtet M. E. Lüders zum Beispiel von »halsbrecherischen Spielen und Exkursionen der Kinderzeit, die mit manchem Knochenbruch endeten, weil kein Zaun, kein Baum, kein Laternenpfahl zu hoch und zu glatt war, um erklettert zu werden...«[45].
In solch elementarem Kletterbedürfnis offenbart sich ein allgemeines Bedürfnis des Kindes: sich selbst zu erproben und die eigene physische und psychische Leistung zu kontrollieren. Gerade dies aber sind wichtige Merkmale späteren Sportverhaltens. Und deshalb wird man dem natürlichen Kletterbedürfnis eines Kindes Rechnung tragen, wo immer dies möglich ist. Denn es entwickelt dabei von sich aus *Grundeinstellungen,* die es unabhängig von einzelnen sportlichen Disziplinen zu späterem sportlichem Verhalten und sportlicher Leistung befähigen. Denn das Bewußtsein, das dafür nötig ist, ist in der kindlichen Frage »Wie hoch komme ich?« bereits ebenso angelegt, wie in dem freudigen Ausruf »Ich bin oben!«.
3. Beispiel: Gleichgewichtsproben. Einen ähnlich herausfordernden Charakter wie das Klettern haben für das Kind auch Gleichgewichtsproben. Sein erster Balanceakt ist das freie Stehen; die erhobenen Arme deuten dabei auf ähnliche Gleichgewichtssteuerungen hin, wie das ältere Kind sie sich beim Balancieren über einen schwankenden Balken sucht. Balancieren, Schwebegehen bedeutet: sich in der Schwebe halten. Vielseitige *Gleichgewichtsproben »spielen« die Koordination ein,* d. h. »das harmonische Zusammenwirken von Muskeln oder Muskelgruppen in einer komplexen Handlung bzw. einer komplexen Handlungsreihe«[46]. Ähnlich wie beim Klettern entdeckt das Kind beim Balancieren ständig Variationsmöglichkeiten, in denen es sich immer wieder erproben kann.
Die Freigabe solcher Gleichgewichtsproben forderte schon vor mehr als hundert Jahren Kant, der sagte, es komme darauf an,

Zu den folgenden vier Bildseiten:

Bild 1: Balancieren auf einem Kugelteller – Bild 2: Koordinierungsspiel mit zwei Luftballons – Bild 3: Ballon-Ball-Spiel – Bild 4: Sachgerechte Hilfeleistung durch Mitschüler

»daß sich das Kind immer selbst helfe. Dazu gehört Stärke, Geschicklichkeit, Hurtigkeit, Sicherheit, zum Beispiel, daß man auf schmalen Stegen, auf steilen Höhen, wo man eine Tiefe vor sich sieht, auf einer schwankenden Unterlage gehen könne. Wenn ein Mensch das nicht kann, so ist er auch nicht völlig das, was er sein könnte...«[47]
Gleichgewicht fordernde Sportarten, wie Rollerfahren, Radfahren, Rollschuhlaufen, Eislaufen, Skilaufen sind echte Kindersportarten. Ihr Erfolg hängt davon ab, wieviel Balance fordernde Situationserfahrungen das Kind erwarb.
Gehen, Klettern, Gleichgewichtsübung: Beispiele, die zeigen, wie stark der kindliche Drang zur Eigenaktivierung ist und wie leicht er durch richtige Impulse günstig zu beeinflussen ist. Zentrale Motivation bleibt dabei immer die *Spielsituation,* die genügend Anregungen und Möglichkeiten für das Kind enthält, sich in seinen Bewegungen selbst zu entdecken und zu erproben. Denn Spielen und Lernen sind für das Kind nur unterschiedliche Aspekte ein und derselben Sache: Es lernt, wenn es spielt, und es spielt, wenn es lernt.
Dieser Spiel- und Lernprozeß kann nicht früh genug unterstützt werden. Denn gerade in den *Bewegungsspielen* der Frühphase wird, wie W. Hansen darlegt, für die Ausbildung der wichtigsten Bewegungsarten und für den Umgang mit Dingen »auf motorischem Gebiet weit mehr erlernt, als durch alle Übungen des späteren Lebens«[48]. Bewegungsspiele müssen deshalb schon vom 1. Lebensjahr an mit dem Kind geübt werden, und zwar nicht eintönig, sondern bewegungsempfindsam und variationsreich. Denn das Kind differenziert seine Bewegungsleistungen entsprechend den Herausforderungen: Je abwechslungsreicher die Eltern Bewegungsspiele mit ihrem Kind erfinden, zum Beispiel im Hin und Her, im Auf und Ab, im Wechsel von kraftvoll und locker, von schwer und leicht, mit Händen und Füßen, mit Fingern und Zehen, je mehr sie Reaktionen als Nachgeben oder Widerstand herauslocken, desto bewegter spielt das Kind aus eigenem Antrieb und mit selbst gefundenen Variationen mit. Dabei darf es niemals unter Zwang stehen. Es muß selbst entdecken, selbst riskieren und seine Spielleistungen von sich aus variieren.
Auf solchem Auslösen von Eigenaktivität beruhte auch schon das im Jahre 1912 entwickelte System der *Säuglingsgymnastik* von D. Neumann-Neurode.[49] Seine Übungserfolge, insbesondere bei rachitisch erkrankten Kindern, waren auf entsprechende Bewe-

gungsreize zurückzuführen: Die vermehrte Durchblutung der Muskeln verbesserte die Sauerstoffaufnahme, verdichtete durch bessere Ernährung die Knochen-Sehnensubstanz und bewirkte eine Regenerierung des gesamten Stoffwechsels. Diese für die damalige Zeit revolutionierende Bewegungslehre brachte das Kind in Situationen, »die ihm ungewohnt sind und aus denen es sich deshalb befreien will«. Anstatt also das Kind zu behandeln, wurde es umgekehrt zum *eigenen Handeln* angeregt. Das übliche passive Strecken, die Gipseinbettungen, die Schnürungen für rachitische oder muskelschwache Säuglinge wurden abgelöst durch Selbstbewegungen. Durch solche Säuglingsgymnastik lernt das Kind, seine Übungen bewußt auszuführen, »und mit der fortschreitenden Kräftigung wächst sein Bewegungsbedürfnis, so daß es nach dem Turnen verlangt und sich noch stärker bewegt als bisher«[50].
Daß die einmal errungenen Bewegungsfähigkeiten erhalten bleiben, bestätigte 1926 L. Ehrenfried: »Als ich etwa vier Wochen nach Beendigung dieser Übungen das Zimmer betrat, in dem die Kinder, mit denen geturnt worden war, sich zwischen anderen gleichen Alters befanden, fiel mir sofort der Unterschied auf: die ersten bewegten sich ständig hin und her, sahen sich um, drehten sich auf den Bauch oder spielten mit ihren Händen oder sonst erreichbaren Gegenständen. Die letzteren lagen unbeweglich auf dem Rücken und zeigten keinerlei Anteilnahme an der Umgebung. Dabei ist zu berücksichtigen, daß für das Turnen diejenigen Kinder ausgewählt wurden, die am weitesten in der allgemeinen Entwicklung zurückgeblieben waren. Die Turnkinder hatten also ihre ursprünglich überlegenen Kameraden eingeholt. Es scheint demnach, daß die einmal erreichte Lebhaftigkeit und Bewegungsfreudigkeit nach dem Aussetzen der Übungen nicht wieder verlorengeht, ebensowenig, wie die einmal erreichten statischen Leistungen.«[51]
Den *Haupteffekt* dieses Turnens aber, der für gesunde wie für kranke Kinder gleichermaßen gilt, sah Ehrenfried nicht in der Bewegungsleistung selbst, sondern darin, daß die Kinder, mit denen geturnt worden war, dabei auch gelernt hatten, sich allein und von sich aus zu beschäftigen: »Sich selbst überlassen, wissen sie sich aus allem ein Spiel zu machen.«[52]
Diese Fähigkeit, »sich aus allem ein Spiel zu machen«, erreicht das Kind nur in einem wiederholten und steigerbaren Spiel- und Lernprozeß. Das wichtige Prinzip ist die Wiederholung, die jedes Kind von sich aus erstrebt. Und zwar schon sehr früh: W. Hansen

bestätigte Beobachtungen von Ch. Bühler und H. Hetzer, wonach ein Baby schon vom zweiten Monat an die Bewegungen der Hände und Finger, der Füße und Zehen und des Kopfes gelegentlich in gleicher Form wiederholt. »Diese wiederholten Bewegungen werden dabei langsamer ausgeführt, und es ist deutlich, daß das Kind auf sie gerichtet ist; sie sind Gegenstand seines Erlebens geworden. Was vorher unbewußt vonstatten ging, wird jetzt mit Beachtung ausgeführt und erfährt damit zugleich eine erste Formung. Das Kind ahmt sein eigenes Tun nach mit unverkennbaren Zeichen der Befriedigung. Das sind die ersten konstatierbaren Spiele.« [53]

Der Drang nach Wiederholungen steigert sich im zweiten und dritten Lebensjahr. Prexer, Hansen und Simoneit bestätigen das Montessori-Phänomen, daß Kinder dieses Alters bestimmte Tätigkeiten oft 30- bis 40mal wiederholten. So erzählt Hansen zum Beispiel von seinem eineinhalbjährigen Sohn: »Heute entdeckte er aufs neue die Stufe vor dem Kinderzimmerfenster. Er kroch nach mehreren Ansätzen rauf und versuchte, wieder herunterzukommen. Es gelang ihm schließlich, indem er sich wie ein Schwimmer hinabwarf und dann auf allen Vieren fortkroch. Dieses Spiel wiederholte er nun unermüdlich, wohl an die 30- bis 40mal, viel Jubel und Geschrei.« [54] Auch mein zwei Jahre alter Enkel sprang im Garten einen Absatz gleicher Höhe wie seine Körpergröße hinunter, plumpste dabei wie ein Frosch auf Hände und Füße, lief glücklich wieder den Hang hinauf und wiederholte diese Sprünge 15- bis 20mal.

Bei diesen Wiederholungen übt das Kind bestimmte Bewegungsmuster ein und verfeinert und steigert sie. Dabei ist der Antrieb, über die eigene Leistung hinauszukommen, so stark, daß oft sogar eine *Bewegungsmonotonie* oder auch ein rhythmisch betontes Steigen und Abklingen erkennbar sind. Diese Monotonie-Lust ist durchaus nicht sinnlos. Auch der Leistungssportler übt ja in diesem gewollten Zwang zur Monotonie, wobei gerade das, was nicht ganz gelingt, zu immer neuen Antrieben und Wiederholungen führt. In diesem Willen zum Wiederholen zeigt sich ein echtes, nicht endendes Spielverlangen. Es kennzeichnet das motorische Lernen beim Anfänger nicht anders als beim Meistersportler.

Unterstützt wird dieses Streben nach Wiederholungen auch schon bei Kleinkindern durch ein natürliches *Wetteiferverhalten:* Der Antrieb, sich mit Schwierigkeiten auseinanderzusetzen, ja sie geradezu aufzusuchen, befördert den Lernprozeß. Der Drang nach selbständigen vergleichenden Handlungen ist, wie H. Heckhausen und J. Roelofsen überzeugend belegen, offensichtlich: »Die unbefangene Alltagsbeobachtung läßt keinen Zweifel daran, daß das Kleinkind einen regelrechten Hunger danach hat, sich mit seiner dinglichen Umgebung handelnd auseinanderzusetzen.« Schon zwei- und dreijährige Kinder erheben »den Anspruch, gewisse Handlungen selbst auszuführen und sich nicht bei ihnen helfen zu lassen«[55]. Ab dreieinhalb Jahren wird eine Wetteifersituation erfaßt, in der Mißerfolge fast regelmäßig durch erneute und vermehrte Anstrengungen wettgemacht werden wollen. Besonders zwischen dem 5. und 7. Lebensjahr »gehört diese Reaktion zur durchgängigen Regel«[56].

2.3 Lerneröffnung und Lernziel – Zur Frage nach dem »Was« und »Wann« im Sportlernprozeß

Eine Dreijährige schwamm 30 Minuten und wurde jüngste Fahrtenschwimmerin der Welt, Sechsjährige spielen Tennis, Flik-Flaks von Achtjährigen, Ski-Kindergärten, Kindergärten mit Minipisten, Reitenlernen vor dem Laufenlernen, Schwimmenlernen vor dem Laufenlernen: im Zeichen des Familien- und Freizeitsports sind das Schwimmbad, die Eisbahn und die Skipisten pädagogische Experimentierfelder für Eltern mit ihren Kindern geworden. Nirgends sieht man so viele Lehrbemühungen und eine natürliche Lernbereitschaft wie im Vorschulsport. Nie zuvor aber wurde auch so entschieden wie heute die Frage nach dem *Rechtzeitig* oder *Zuspät,* nach »Zeiten erhöhter Sensibilität für Lernangebote«[57] und nach dem Wann, Wie lange und Wie oft im Prozeß des Sportlernens gestellt.
Lange Zeit versuchte man diese Fragen von einem allgemeinen Reife-Gedanken her zu beantworten: eine bestimmte »Reife« wurde als Voraussetzung für das Lernen angenommen. So gab es beispielsweise noch für A. L. Gesell keinen Beweis dafür, »daß man durch Üben das Reifen beschleunigen könne«, und aufgrund einer vergleichenden Zwillingsstudie für motorisches Lernen glaubte er feststellen zu müssen, daß der Zeitpunkt, zu dem eine bestimmte Fertigkeit funktioniere, »grundsätzlich zu-

nächst durch die Reife der betreffenden Nervenzentren bestimmt« werde. So kam er zu dem Schluß: »Obgleich Übung in das Wachstum eingeht, übersteigt die Übung nicht die Reife.«[58]
Dieser Standpunkt wird heute weitgehend aufgegeben. Wer einen zweieinhalbjährigen Werfer sieht und erkennt, wie das Kind ohne verbale Anweisung allein durch Intuition und Wahrnehmung die Technik der »Profis« genau kopiert, der weiß, daß die sogenannte Reife meist mehr von den *Lerneröffnungen* und von den Lernsituationen als von einer inneren Disposition abhängt. Trotzdem bleibt natürlich weiterhin jeder Lernprozeß ein »Sonderfall« (Foppa). Und insofern muß die Frage, zu welcher Zeitspanne ein Kind eine spezielle Sportart erlernen sollte, immer individuell beantwortet werden. Generell aber gilt die Warnung vor einem »Zuspät«, die sowohl von Physiologen wie von Psychologen vorgebracht wird.
Aufgrund der Roux'schen Reizlehre und der Schrift von W. Lange »Über die funktionelle Anpassung«[59] mahnte z. B. der Orthopäde F. Schede schon 1920: »Es ist nur eine ganz bestimmte Frist gegeben. Ist diese Frist zu Ende, so läßt sich kein Versäumnis nachholen.«[60] Er betonte damit die Notwendigkeit intensiver Reizgebung und warnte vor dem *Zuspät,* denn der vorzeitige Verfall der Muskulatur sei »auf Versäumnisse in der Entwicklung zurückzuführen«: Wer nicht intensiv genug in Kindheit und Jugend übe, altere vorzeitig.
Nicht nur der Physiologe, sondern auch der Psychologe weist auf den »Faktor Zeit in der Entwicklung« (Bühler) hin: »Gewisse Reize oder andere Einwirkungen müssen von der Außenwelt zu einem ganz bestimmten Zeitpunkt geboten werden, um einen Fortschritt möglich zu machen, der eben nur zu diesem Zeitpunkt folgen kann.«[61]
Dieses Zuspät bezieht sich nach McGraw vor allem auf das Einüben der neuromuskulären Steuerung. Nach einer Entwicklungsstudie, die sie über acht Jahre hinweg in New York an einem eineiigen Zwillingspaar durchgeführt hatte, kam sie zu dem Schluß, daß die spätere Koordinationsfähigkeit eines Menschen von einem systematischen Üben in den ersten 22 Monaten abhängt: »Exercise advanced performance during practice period and contributed to better coordination even years later.«[62]
Ihre Studie hatte McGraw so angelegt, daß der eine Zwilling während der ersten 22 Monate »restricted in a crib« gehalten wurde, während der andere Zwilling täglich »üben« durfte. Der »Un-

geübte« holte trotz einer nachträglichen Übungsperiode im 22. bis 25. Lebensmonat den einmal erreichten Rückstand bis zum 8. Lebensjahr nicht auf. Beide wuchsen nach der vergleichenden Übungs- und Restriktionsperiode vom 2. Lebensjahr an unter gleichen Bedingungen ohne spezielle Übung auf. Dabei erwies sich der im 1. Lebensjahr Vernachlässigte bei allen Koordinationsproben als ungeschickter, weniger lernoffen und weniger bereit, ungewohnte Situationen zu meistern, als der geübte Bruder. Diese Restriktion beschränkte sich auf differenzierte Koordinationsbefähigung, z. B. das freihändige Ersteigen einer Treppe, das Balancieren über einen Steg, auf Zehenspitzen auf unsicherem Standplatz, das Ergreifen eines hochhängenden Gegenstandes etc. Die bemerkbaren Unterschiede im Gleichgewichtsempfinden führten bei dem ungeübten Jimmy dazu, daß er jeder schwierigen Situation auswich; er ordnete lieber die Treppenpodeste, anstatt spontan zu handeln; er ließ sich von jedem Fehlversuch abschrecken und blieb merklich zurückhaltend, während sein Zwillingsbruder schnell reagierte und bewegungsgewandt die gleichen Aufgaben mühelos bewältigte. Darüber hinaus wies M. McGraw nach, daß die Unterschiede in der Koordinationsfähigkeit in besonders »schwierigen Situationen« klarer erkennbar werden: So koordinierten sich z. B. die Arm- und Beinbewegungen nur bei dem geübten Kind, das mit 16 Monaten 3 bis 4 Meter frei schwimmen konnte, zu einer Art paddelnder Schwimmbewegung. Das ungeübte Kind verhielt sich dagegen vorwiegend passiv oder drehte sich, so wie andere ungeübte Kinder seines Alters, sofort in die Rückenlage und machte keinen Versuch, sich aktiv durch Schwimmbewegungen aus der ungewohnten Wassersituation zu befreien. Unsere eigenen Versuchsreihen im Schwimmverhalten bestätigen, daß ein geübtes dem ungeübten Kind gegenüber durch stärkere Aktivität und sichere Koordination schon in den ersten sechs Lebensmonaten in seinem Bewegungsverhalten voraus ist.

Durch diese und ähnliche physiologisch, psychologisch und sportdidaktisch orientierte Untersuchungen gestützt, hat sich die Erkenntnis durchgesetzt, daß die sogenannte »Reife« im Sport von *Lerneröffnungen* und Lernsituationen abhängt. Simplifiziert könnte man sagen: ein Kind ist reif für den Sport, wenn man ihm die Möglichkeit dazu gibt. Schwimmfreudige Eltern, eine spielfreudige Umwelt werden es sehr viel früher zum Schwimmen oder zu anderen Sportarten führen, als ein soziales Umfeld, in dem

Sport und Bewegung keine Rolle spielen. Dabei ist es nicht entscheidend, daß das Kind möglichst früh fachspezielle »Techniken« erlernt. Im Gegenteil: Viel wichtiger ist es, daß es in variationsreichen Bewegungsspielen das Maß an vielseitigen Bewegungsqualitäten, an nuancenreichen Abstufungsmöglichkeiten erweitert. Und ebenso ist dieser Früherwerb von Geschicklichkeit für spätere sportliche Leistungen weit wesentlicher, als nur der Erwerb von Kraft. Berichte und Beobachtungen belegen das immer wieder. So erzählte mir z. B. die japanische Olympiasiegerin Keiko Ikeda, daß sie zwar erst mit zehn Jahren das erste Mal am Gerät geturnt hätte, aber in ihrer Kindheit eine vielseitige Schwimmerin und Spielerin gewesen sei. Das dabei erworbene Maß an Schnelligkeit, Präzision und Koordinationsvermögen hätte sie auf das Üben am Gerät übertragen können.

Entscheidend ist es also, daß Kinder die *Möglichkeit* erhalten, sich frühzeitig und jederzeit *zu üben.* Wo dies der Fall ist, stellen sich die Ergebnisse von selbst ein. Amerikanische Kinder z. B. sind europäischen im Basketballspiel überlegen. Weshalb? Einfach deshalb, weil in jedem Garten, an jeder Garage ein Basketballkorb hängt – lernaufforderndes Instrument, das ständig benutzt wird. Gleiches gilt für das Radfahren, das Schwimmen, das Skifahren und andere Sportarten. Wir wissen durch unsere gezielten Versuche, daß sich jedes Kind vor Schulbeginn freischwimmen kann. Dreijährige Kinder beherrschen das Skilaufen, wenn sie monatelang in den Bergen Gelegenheit hatten, Skiläufer in ihrem Bewegungsverhalten zu beobachten und selbst unter sehr verschiedenartigen Schnee- und Geländebedingungen zu üben. Schwimmen und Tauchen wird von Dreijährigen in Kalifornien und Australien »spielend« erlernt, weil sie sich unter günstigen Klima- und Wasserverhältnissen von klein auf darin üben können.

Diese früh erworbenen Geschicklichkeiten und Bewegungskombinationen bleiben im *Bewegungsgedächtnis* erhalten. Man »kann« sie noch, auch nach jahrzehntelanger Pause. Dieses Bewegungsgedächtnis unterstützt das Lernen, denn das Lernen selbst beruht auf Speicherung, auf Gedächtnis (Foppa).

2.4 Förderung statt Forderung – Leistungssteigerung ohne Leistungszwang

Gleichgewichtssportarten wie Radfahren, Eislaufen, Skilaufen, Schwimmen, Ballspielen u. a. können Kinder vor Beginn der Schulzeit in guter Technik erlernen. Was aber kann bei entsprechender Bewegungspflege in einem bestimmten Alter als »Bewegungsnorm« angesehen werden? Könnten wir durch eine spezifische Lern-Norm schon im Vorschulalter die Unsicherheit darüber beseitigen helfen, zu welchen Sportarten ein Kind mehr befähigt ist und zu welchen weniger?

Verbindliche Antworten auf diese Fragen gibt es nicht. Sicher ist nur, daß man von »Normen« nur im Sinne von Erfahrungswerten und *Leistungsmöglichkeiten,* nie aber im Sinne von Leistungsforderungen sprechen kann. Ebenso gewiß ist es aber auch, daß wir durch altersgemäße und systematische Lernhilfen eine vielseitige Selbstbefähigung des Kindes unterstützen und damit gleichzeitig Schwächen, Hemmnisse und ein Zurückbleiben verhindern könnten. Auch heute werden immer noch Kinder auf Sonderschulen und auch zum Schul-Sonderturnen verwiesen, die eigentlich nur ein differenziertes Schwerpunktlernprogramm im motorischen Bereich benötigen.

Ebenso wie Dreijährige spielend eine zweite Muttersprache erlernen, sind sie befähigt, spielend Sporttechniken zu lernen und es dabei zu erstaunlichen Fertigkeiten zu bringen. Einstweilen bleiben zwar die tatsächlichen Leistungen oft noch weit hinter den Leistungsmöglichkeiten zurück. Je mehr sich jedoch ein Freizeitsport in unserer Gesellschaft durchsetzt, um so eher werden auch die Kinder in diese Sportwelt einbezogen und wachsen in sie hinein. Kinder im zweiten und dritten Schuljahr könnten z. B. mindestens in drei verschiedenen Techniken schwimmen. Sie könnten tauchen, wasserspringen, rudern, kanufahren, segeln. Sie könnten aber auch über Techniken in Judo oder Fechten, im Radschlagen, Handstand oder Salto verfügen, und sie könnten Sprungfertigkeiten auf dem Trampolin ebenso wie vom Sprungbrett ins Wasser beherrschen. Viele Kinder lernen in diesem Alter Fußball-, Basketball-, Tischtennis-, Badmintonspiel, soweit sie durch ihre nationale Kultur zum intensiven Lernen Gelegenheit haben. Sechs- bis siebenjährige Schülerinnen sind »Meister« im Radschlagen, z. B. in der Stadt Düsseldorf, in der diese Kunst-

fertigkeit noch als Straßensport ausgezeichnet wird. Achtjährige reiten auf Ponys oder spielen mit Mini-Schlägern Tennis. Am klarsten jedoch zeigt sich der Einfluß des Freizeitsports im Skilauf, wo heute hunderte von Skikursen schon für Drei- und Vierjährige angeboten werden.
Bei vielen Sportarten wirken Eltern als »Sportlehrer« für ihre Kinder. Diese »geübten« Kinder übertreffen dann meist nicht nur die ungeübten Gleichaltrigen; sie sind auch *sicherer* in ihrem Bewegungsverhalten *als z. B. ein erwachsener Anfänger.* Diese *Überlegenheit* verleiht dem Kind natürlich eine ganz besondere persönliche Sicherheit auf dem Feld, auf dem es sich »zu Hause« fühlt, auf dem es Schwierigkeiten meistern und Widerstände überwinden kann. Vollzieht sich dieser Lernvorgang zudem aus eigener Motivation, angeregt durch Kontakte und Situationen, dann wird damit über sportliches Lernen hinaus ein sicheres Verhalten auch in anderen Schwierigkeiten entwickelt: Die Gewißheit, mit unangenehmen, konfliktreichen Situationen selbständig einmal oder mehrfach fertig geworden zu sein, macht dem Kind den Transfer des erlernten Verhaltens auf andere Situationen möglich. Gerade das aber ist das eigentliche angestrebte Ziel. Denn es geht nie um die isolierte sportliche Leistung, sondern immer um den Zusammenhang und um die Wechselwirkung von *Person und Leistung.*
Ist nun das umweltmotivierte Lernen in früher Kindheit für das Erlernen sportlicher Techniken eine bessere Grundlage als ein später bewußt vollzogener Lernvorgang? Oder lassen sich durch das frühe Lernen nur bestimmte Bewegungsarten fördern, Sportarten, die vorwiegend auf Gleichgewicht und Reaktion aufbauen? In der Entwicklungspsychologie war es oft üblich, *»Spielalter«* von *»Lernalter«* abzusetzen, eine Theorie, die schon 1858 von dem Arzt G. M. Schreber in seiner »Kallipädie« gebraucht wurde, in der er das 2. bis 7. Lebensjahr als »Spielalter«, das 8. bis 16. Lebensjahr als »Lernalter« kennzeichnete. Später wurde der Terminus »Lernalter« dann auf das 8. bis 11. Lebensjahr eingeschränkt, weil Kinder in diesem Alter sachgemäß lernen und systematisch Bewegungstechniken üben. Schreber empfahl schon vor einem Jahrhundert für dieses Alter nicht nur »Geschicklichkeiten« wie Stelzengehen und Eislaufen als Mittel für »ein ungewöhnliches und vielseitiges Muskelspiel«; vielmehr sei »schon jetzt auf Ausdauer hinzuwirken. So sei es von gesunden und kräftigen 7- bis 8jährigen Kindern, selbst Mädchen, nicht zuviel ver-

langt, auf Fußreisen täglich sechs bis acht Stunden zu durchwandern...«[63]
Noch weit mehr wird eine Festlegung des Lernalters auf bestimmte Lebensjahre durch den dänischen Reformhygieniker I. P. Müller relativiert. Er berichtete 1912 von Lernleistungen seines Sohnes Per, der sich »niemals«, weder bei Tag noch bei Nacht, in einem geschlossenen Raum aufgehalten hat, niemals ein wollenes Unterhemd getragen hat und trotzdem niemals krank gewesen ist. Mit 14 Monaten konnte Per »gehen und laufen, sowohl schnell wie ausdauernd, watete von selbst am flachen Strande in das Wasser hinaus, auch wenn dieses nur 12 Réaumur warm war, weinte nicht, wenn er unfreiwillig untergetaucht wurde und hatte im Sommer keine Kleider, sondern nur Sandalen an, wenn er in den Mittagsstunden im Garten spielte...« Sein achtjähriger Sohn Ib, »ein fleißiger Schulknabe, der in seiner freien Zeit sehr eifrig Bergsteigen, Schwimmen, Rudersport und Skilaufen treibt, hat bereits mehrere Wettschwimmen gegen junge Leute von 14 bis 16 Jahren gewonnen. Seine mittlere Geschwindigkeit für längere Entfernungen ist, wenn er den Oberarmschlag benutzt, etwa 1 m in der Sekunde, und eine Strecke von 45 m schwamm er einmal in 44 Sekunden. Im Salzwasser kann er alle Kunststücke von Mr. W. Henry, dem berühmten Gründer der ›Royal Life Saving Society‹, nachmachen...« Müller resümiert: »Ich bin der Ansicht, daß wir in unseren Tagen bei unseren Kindern die Unerschrockenheit und das Selbstvertrauen nicht genügend begünstigen. Die Vorzüge dieses Systems habe ich im Falle meiner eigenen Familie entdeckt und glaube, daß dieselben Methoden sich ebenso auch bei anderen bewähren würden.«[64]
Auch hier also wieder die Feststellung, daß bestimmte sportliche Leistungen weniger durch das Alter als durch die Umstände begünstigt oder beeinträchtigt werden. Denn im Sport gilt das gleiche wie in jedem Lernprozeß: je differenzierter das *Angebot,* desto bessere *Lernchancen;* je qualifizierter das Umweltklima, die Bewegungsbedingungen, um so differenzierter werden die Bewegungsleistungen sein, über die ein Kind verfügt. Dabei ist jede Phase fortschreitenden Lernens gleichzeitig eine Phase erweiterten Verfügens; ein Prozeß, bei dem gerade auch das anfängliche »teilweise oder ganze Mißlingen einer Handlung« das ganze »Repertoire an Verhaltensmustern, Wissen und Leistungsformen«[65] mobilisiert.
Bewegungsverfeinerungen werden aber nicht nur durch ein Ler-

nen entwickelt, das von vornherein auf sportliche Fertigkeiten gerichtet ist. Sie werden gerade auch durch *Bewegungshandlungen im täglichen Leben* gewonnen. Dabei kommt es vor allem auf direkte Sacherfahrungen an: Wie wird z. B. eine Tasse ohne Klirren auf den Teller gesetzt? Wie benutzt man Eßgeräte? Wie hebt man eine Wasserkanne, wie einen Eimer an?
Auf solchen geschickten Bewegungsumgang mit den Dingen des Alltags sollte geachtet werden. Dabei braucht Bewegungspflege, Bewegungskultur keineswegs penetrant mit erhobenem Zeigefinger gelehrt zu werden. Bei einigem pädagogischem Geschick läßt sie sich als selbstverständliches Alltagsverhalten im Familien- und Schulleben kultivieren.
Man sieht: Ein starres Schema von Lern- und Spielaltern wird den vielschichtigen Situationen, in denen ein Kind lebt und lernt, nicht gerecht. Sinnvoll ist es dagegen, von *Spiel- und Lernphasen* zu sprechen. Denn das Kind benötigt den wohlabgewogenen Wechsel von Eröffnungen und Begrenzungen, es benötigt Angebote und Verbote, persönliche Freiheit und Einschränkung dieser Freiheit in sozialem Verhalten. Ähnlich wie der gute Spieler im Bewegungsspiel seine Fähigkeiten nur am widerstandsfähigen Gegner entwickeln kann, *lernt auch das Kind oft nur am Widerstand* den Bereich seiner bisher erlebten Möglichkeiten zu überschreiten. Die Bereitschaft dazu besitzt jeder Mensch. Denn jeder verfügt über »eine variationsreiche Skala von Bewegungsmöglichkeiten«, »einen ungemeinen Reichtum möglicher und gekonnter Bewegungen, die darauf warten, auf eine Andeutung hin einzuspringen«[66]. Nur muß diese Bereitschaft vom Lehrenden durch konsequentes Erweitern der Lernebenen gefördert werden: Ist die Lernleistung auf einer Ebene erbracht, dann kann die Lernbereitschaft für die nächsthöhere Ebene herausgefordert werden, kann der Spielbereich, also der Bereich des freien Handelns, mit dem Gelernten erweitert werden. Das Ziel dieses Lernprozesses ist es, daß sich das Kind seiner selbst sicher wird, daß es versteht, sich frei zu entscheiden und sein Handeln selbständig zu verantworten. Dabei ist es wichtig, daß dies Ziel bereits im Vorschulalter angestrebt wird. Denn der Erfahrungsbereich vor dem Eintritt in die Schule bestimmt das Maß an Konzentrations- und Ausdauervermögen, das zum Lernen ebenso gehört, wie die Fähigkeit zu kreativen Lösungen und zum eigenwilligen Experiment.
Der einsichtige Pädagoge wird diesen Lernprozeß nur sehr behutsam steuern. Denn er weiß, daß das *Sportlernen* im Primar-

bereich sehr stark *aus eigenem Antrieb* des Kindes geschieht. Er kennt die Lernenergie, die Kinder gerade im Bereich des Sports entwickeln. Er weiß, daß Kinder diese Wißbegier in Aktivität umsetzen, wo immer sie dazu Gelegenheit erhalten; und er wird sich daher hüten, diesen spontanen Lerneifer durch Dirigismen einzuschränken. Oft reicht allein das Vorhandensein von Sportutensilien aus, um Kinder zu motivieren, damit auch ohne direktes Lernangebot freiwillig zu üben: Wo Bälle, Roller, Fahrrad, Skier, Schlittschuhe, Hockeyschläger etc. vorhanden sind, da werden sie auch benutzt.

Die Schule nimmt bis heute oft kaum Notiz von solchen Erkenntnissen. Sie bietet vielfach nichts von dem an, was das Kind im Sport sucht. K. Dietrich und G. Landau zeigten 1969 in ihrem Spielplatz-Film die hohe und kreative Kunstfertigkeit von acht- bis zehnjährigen Kindern an Turngeräten auf dem Spielplatz: »Die Kinder schaffen sich so ihre eigene Turnkunst... Das Turnen bildet einen eigenständigen Bereich kindlichen Spiels mit einer erstaunlichen Vielfalt von Formen. Überraschend ist dabei, daß auf dieses Turnen der Kinder heute keinerlei unmittelbarer Einfluß von Schule und Verein festzustellen ist.«[67] Dietrich/Landau zeigen auch, wie mit höherer Kunstfertigkeit die Kunststücke objektivierbar werden; sie erhalten Namen und sind erkennbar und differenzierbar.

Das sichere Erkennen von Sportsituationen, das Aufspüren von Sportproblemen und das Bemühen um eigene Lösungen kennzeichnen die *Intelligenz im Bewegungsverhalten.* Das sportlich aufgeweckte, das bewegungsintelligente Kind verfügt über ein differenzierteres Erfahren als das ungeweckte, unerfahrene und darum oft als unbegabt oder unintelligent bezeichnete Kind. Dabei ist es für die spätere Lernmotivation ganz entscheidend, ob Früh-Lern-Leistungen auf einem *Spiel-Feld* herausgefordert wurden und gepflegt werden konnten oder auf einem *Drill-Feld* eingepaukt wurden. Ein Spiel-Feld eröffnet dem Kind im Vorschulbereich Behauptungs- und Bewährungssituationen und die dafür notwendigen sozialen Kontakte durch Mitspieler, Gegenspieler oder Zuschauer. Ein Drill-Feld dagegen ist einseitig von der Autorität des Überlegenen bestimmt: Der »Einpauker« allein bestimmt hier, was geschieht. Es wird nicht frei gewählt oder im gemeinsamen Gespräch geklärt, welche Regel gilt, sondern die Regel wird gesetzt, der Ablauf wird formal und inhaltlich vorgeschrieben. Solche gedrillten Sportfertigkeiten sind nicht selbst gewollt

und infolgedessen auch nicht selbst vollzogen und selbst miterlebt. Die Folge: Der Gedrillte versagt bei neuen, ungewohnten Anforderungen; er kann das Erlernte nicht übertragen. Frustrierte und komplexbehaftete Kinder sind meist die Opfer solcher Drill-Vorgänge, denen sie bewußt oder unbewußt ausgesetzt waren.
Gleiches gilt für den Höchstleistungssport. Auch hier muß der Wettkämpfer gelernt haben, selbständig mit überraschenden Situationen fertig zu werden. Und auch hier ist es eine der wichtigsten Aufgaben des Sportlehrers oder Trainers, »sich selbst überflüssig zu machen« und den Spiel-Raum frei zu machen, der für alle Bewegungsleistungen nötig ist. Denn Spiel-Handlungen sind offene Handlungen. Ihr Ablauf darf nicht genau vorherbestimmbar sein.
Zum Spiel gehören aber auch Zuschauer. Denn der Zuschauer erhöht das Spiel. Allein durch sein Dasein bringt er es dem Spieler verstärkt ins Bewußtsein. Auch Kinder suchen sich ihre Zuschauer, die sie bewundern, kritisieren, verbessern und denen sie ihre Spielfähigkeit beweisen können. Im Spiegel der zuschauenden Eltern und Kameraden erkennt das Kind seine eigenen Leistungen. Und die Motivation, die von diesem Publikum ausgeht, ist weit intensiver, als die einer abstrakten Leistungsforderung.
Dies alles führt zu der Maxime: *Förderung statt Forderung.* Es gibt eine Fülle von sportlichen Leistungsmöglichkeiten für das Kind, die es, wenn es entsprechend geführt wird, ohne jeden Leistungszwang von sich aus realisiert. Dabei ist das richtige Tun weit früher da als das Wissen. Denn Sportlernen beruht im Vorschulalter auf Anschauen, auf Wahrnehmen und Wiedererkennen, so wie die Musik auf hörendem Wahrnehmen und Wiedererkennen beruht. Das Kleinkind nimmt einen Bewegungsvorgang mit allen Sinnen wahr, ohne genau zu »wissen«. Es versetzt sich in stimulierende Situationen, manchmal auch ohne die Gefahr einer Situation erkennen zu können. Allein schon die Beobachtung von Sportbetätigungen anderer Kinder oder Erwachsener motiviert das Kind oft für eigenes Tun, für Nach- oder Neuvollziehen einer Bewegung.
Die »Ideomotorik« beruht im Gegensatz zur selbstmotivierten Motorik auf dem unbewußten, fast suggestiven Zwang, den eine Bewegung auf den Wahrnehmenden ausübt: »Die Wahrnehmung oder Vorstellung einer Bewegung erregt im Wahrnehmenden oder Vorstellenden den Antrieb zur Ausführung der gleichen Bewe-

gung. Hierzu gehört die unbewußte Nachahmung von Gebärden, Gesten, Gang, Tanz, Rhythmus u. a.« Dieses »mitreißende« Fuß-Mitbewegen z. B. erkennen wir bei Kindern, wenn sie Tänzer sehen, oder bei Erwachsenen, wenn sie ein Fußballspiel beobachten.

Auf bewußtem »observativem« Lernen beruhen auch erfolgreiche Versuche, bestimmte Sportarten und Sporttechniken über Film und Fernsehen zu vermitteln. Die wiederholt vorgeführten Vorgänge prägen sich ein und werden dadurch trainierbar. Das aber ist entscheidend. Denn Beobachten und Wahrnehmen sind zwar wichtige Voraussetzungen für das Lernen. Das *Lernen* selbst aber *beruht auf bemühtem Wahrnehmen,* auf Nachvollzug und Anwendung. Der gute Skiläufer wird vorwiegend auch deshalb zum guten Skiläufer, weil er andere beobachtet, diese Beobachtungen aufnimmt und allmählich mit den gelernten Bewegungselementen frei zu spielen und zu handeln versteht. Die Entdeckungsversuche führen den Lernenden wiederum auf neue Spuren, auf eigene Lösungen. So »rutschen« Dreijährige zuerst den Hügel hinunter, dann gleiten sie auf Skiern hinab und steigen stampfend, wie sie es bei anderen sahen, den Hang wieder hinauf. Sie üben unbewußt an verschiedenen Hangneigungen ihre Gleichgewichtssteuerung. Sie lernen, wie sie die Skier kanten müssen und mit welcher Kraft sie sie einsetzen müssen, um bergauf Halt zu geben; durch Torläufe lernen sie ihre Abfahrt zu steuern und zu bremsen. Kein Lehrer erklärt Kleinkindern diese Vorgänge. Er fährt vor und die Kinder nehmen seine Bewegungen auf. Ebenso lernen Kinder zuerst Brust-, Crawl- oder sogar Delphintechniken im Schwimmen, gerade so wie die vorgestellten Bewegungstechniken ihnen erreichbar sind.

Auch erwachsene Anfänger lernen auf diese situative Weise eine neue Sportart. Sie lernen an unterschiedlichem Gefälle im Skilauf ihr Gleichgewicht entsprechend zu verlagern, sie heben aus einer Schußfahrt einen Gegenstand mit den Händen auf, um schnelle Eigenbewegungen während der Fahrt sicher auszuführen etc. So ist das Sportlernen für Kinder wie für Erwachsene zu allererst ein *situatives Orientieren:* Lernen, sich mit einer neuen Bewegungssituation, mit einem neuen Sportgerät, mit einem bestimmten Maß an Tempo, Kraft und Reaktion zurechtzufinden.

3. SPORTLERNEN UND SPORTLEHREN IN DER PRIMARSTUFE

3.1 Lernen durch Handeln – Probierendes, einsichtiges und wetteiferndes Handeln als Stufen im Lernprozeß

Nach Foppa ist »die Tatsache« unbestritten, »daß sich die Beobachtung des Lernprozesses immer auf Handlungen (im weitesten Sinn des Wortes) beziehen muß«. Foppa verweist dabei auf die Schwierigkeit, »zwischen dem ›eigentlichen‹ Lernvorgang und den dazugehörigen Verhaltensaspekten zu unterscheiden«[68]. Auch Sportlernen beruht auf *Spiel- und Sporthandlungen.* Handeln bedeutet dabei im Sport immer einen komplexen Vorgang, inhaltsbezogen durch verschiedene Aktionen selbständig von einem einzelnen oder einer miteinander handelnden Gruppe gesteuert. »Der Handlungsvollzug hat ... Gestaltcharakter... Diese Bewegungsgestalt wird vom Ziel her bestimmt, von dem was mit der Umwelt an ihr und in ihr aus der Thematik der Strebungen heraus geschehen soll. Wenn wir über einen Graben von einem Meter Breite springen wollen, so sind von diesem Ziele her die Bewegungsgestalt und von dieser die Einzelbewegungen determiniert. Der Gestaltcharakter dieser Handlung kommt u. a. auch darin zum Ausdruck, daß sie transponierbar ist. Je nach der Größe des Grabens, den es zu überspringen gilt, ändert sich die Größe der notwendigen Einzelbewegungen, während ihre Konfiguration zu einem Ganzen, also der Gestaltcharakter der Handlung derselbe bleibt.«[69]

Sportliche Handlungen sind sehr verschieden strukturiert, die einen eröffnen mehr Handlungsspielraum, z. B. ein Spiel, als andere, die in ihrem Frei-Handlungsraum beschränkter sind, z. B. ein Wettlauf, oder eine freigestaltete Sprungfolge gegenüber einem Kopfsprung vom Brett, einem Längssprung über den Kasten.

Der Spielgedanke, das Ziel der Handlung, bestimmt dabei die *Regeln* und diese bestimmen den *Handlungsablauf.* Spiele mit kontaktreichen Begegnungen, z. B. Ballspiele, in denen der Ball ins gegnerische Tor befördert werden soll, stehen gegenüber kontaktarmen, z. B. Ballspielen, in denen ein Netz die Spielgrup-

pen trennt, oder Kontakt-Sporthandlungen wie etwa Ringen, Judo, gegenüber kontaktlosen Sportarten wie etwa Eisschnellauf, Speerwurf. Dabei weisen die Spielhandlungen von Kindern und die Sporthandlungen auf Höchstleistungsebene gleichartige Handlungskriterien auf. Nur die Maßstäbe sind unterschiedlich.
Handlungen beruhen auf Partnerschaft – auch in der Gegnerschaft. Denn erst der qualifizierte Gegner qualifiziert auch die eigenen Handlungen. Die *Strukturen dieser Handlungen* erstrecken sich von elementaren, z. B. in einem Nachlauf-Spiel, bis zu komplizierten, z. B. in einem Staffellauf oder einem Fußballspiel. Der Vollzug der Handlungen beruht auf einzelnen Fertigkeiten, z. B. Laufen, Springen, Werfen oder Kombinationen von verschiedenartigen Bewegungen mit zahlreichen situativen Raum- und Tempoveränderungen. Der Handlungserfolg wird abgeprüft durch Gelingen oder Nichtgelingen. Die Lernprozesse beziehen sich also auf die Bewegungstechniken, die Spieltaktik und das Handlungsgeschehen insgesamt. Der *Handlungserfolg* kann auch dann erreicht sein, wenn z. B. das Spiel verloren wurde: »Es war ein gutes Spiel, aber wir haben verloren.« Kinder sagen: »Es war ein prima Spiel« oder »Das Springen hat heute Spaß gemacht«, auch wenn sie objektiv keine Leistungsbestätigung erfuhren.
Komplizierte Handlungen werden durch vereinfachte Regeln vorbereitet, z. B. Mini-Basketball oder eine Sprungzone anstelle eines Sprungbalkens für den Absprung. Aber nicht nur der Handlungsverlauf, auch die dazu benötigten Räume und Geräte werden für Lernanfänger entsprechend vereinfacht.
Elementare Bewegungen werden von Kindern vom ersten Lebensjahr an zu Handlungen ausgebaut. Die Greifspiele und die Kletterspiele des Kleinkindes entstehen aus der Freude am »Funktionieren«. Die gleiche Funktionsfreude erlebt der Siebenjährige beim sanften Auf- und Abrollen in einem Jo-Jo-Spiel an einem bewegten Gegenstand.
Auf welchen Arten von Herausforderungen beruht dieses Sportlernen durch Handeln? Wir können von einem probierenden, einem einsichtigen und einem wetteifernden Handeln sprechen.

Zu den folgenden vier Bildseiten:

Bild 5: Sachgerechte Hilfeleistung durch Mitschüler – Bild 6 und 7: Säuglingsschwimmen – Bild 8 und 9: Vielseitig verwendbare Gegenstände der Natur und Spielgerät

1. Probierendes Handeln

Die »Proben« sind typisch für das Sportlernen aus eigener Initiative, für das situativ-spontane Lernen des Kindes, aus dem sich seine regelgebundenen Spiele und Kunstfertigkeiten erst entwickeln: z. B. Ball-Proben, Kunststücke am Reck und beim Klettern, Seilsprung-Proben. Probieren bedeutet dabei nicht nur versuchen, sondern auch beweisen: sich selbst auf die Probe stellen, sich selbst beweisen. Dem Zaghaften wird geraten: »Probier es doch«, und man prüft sich gegenseitig, wenn man sich »auf die Probe« stellt. Diese Proben finden sich bis in die höchste Wettkampfebene: dem Kämpfer stehen drei »Versuche« zu. Oder man billigt dem Turner, dem Springer, dem Skiläufer einen Probesprung, einen Probelauf zu, damit er sich einspielt.

Solch probierendes Handeln des Kindes beruht auf einer Selbstherausforderung, auf Neugier, Wißbegier, auf Einfallsfreude und Kreativität. Es wird angeregt durch Leitbilder oder durch verbale Aufforderungen: »Willst du...«, »Kannst du...«, »Wer kann...«, aber auch durch den Aufforderungscharakter einer Situation oder eines Gerätes. »Viele Betätigungsformen entstehen durch ein Versuchen und Erproben als Antwort auf den Reiz des Geräts. Dieses Probieren führt zu ersten Formen des Könnens, die als besondere Leistungen vorgezeigt werden. Das Kunststück entsteht nur im sozialen Feld!«[70]

Es gibt Spielgeräte, die sich als besonders anregende Spielmedien für Proben erweisen: ein Ball, ein hochhängender Basketballkorb, eine »Schlitter«-Bahn auf dem Eis: sie werden von Kindern spontan benutzt. In den USA lernen Kinder durch die an jeder Garage angebrachten Baskets quasi im »Vorübergehen« Basketballspieltechniken, ebenso wie holländische Kinder das Eisschnellaufen oder Schweizer Kinder im Hochgebirge Klettertechniken lernen.

Die »Bewegungsaufgabe« gilt im Sportunterricht als eine Aufforderung an den Schüler. Sie ist »eine Unterrichtshilfe, die den Übenden auffordert, ein Bewegungsproblem selbständig und sachgerecht zu lösen«[71]. Der Schüler soll dabei die Lösung ausprobieren. Dieses Problemlösen gilt als »Prozeß, bei dem aus einer Anzahl von Möglichkeiten des Handelns oder Nachdenkens diejenige ausgewählt werden muß, die zum Ziele (zur Lösung) führt«[72]. Das Problemlösen wird freilich nur dort zum sinnvollen Lernantrieb, wo »Probleme« sachgerecht angeboten werden.

Das probierende Lernen wird auch als *Entdecken,* als »learning by discovery« verwirklicht. Dabei kann der Lernprozeß durch auffordernde Situationen eröffnet werden. Eine steigend verlaufende Anlaufbahn reizt z. B. eher zum Entdecken, ob oder wie der Weitsprung gelingt, als eine normal flachverlaufende Weitsprunganlage. Schwingende Taue sind zum Klettern entdeckungsreicher als starre Stangen. Ein eingezeichneter Kreis, farbige Markierungen an der Wand haben mehr Aufforderungscharakter als eine nüchternweiße Fläche. Radfahrer und Rollerfahrer suchen sich mit Vorliebe Kurven, Slalomstrecken und flitzen Abhänge hinunter, weil sich durch die von ihnen gesuchten Situationen interessante Veränderungen im raum-zeitlichen Ablauf ergeben.

Solch probierendes Handeln zielt unabhängig von der jeweiligen Sportart auf *Gelingen:* erfolgreiches Treffen in das Fußballtor, schnelleres Laufen als der Partner, koordiniertes Miteinander-Handeln im Zusammenspiel, im Staffellauf etc.

Ein interessantes Beispiel solcher Lernprobe, die mehr als 200 Jahr alt ist, zitieren wir aus einem Brief des berühmten Physikers und Staatsmannes B. Franklin an seinen Freund Oliver Neale, 1780: »Sie werden so lange kein Schwimmer werden, als Sie nicht die Überzeugung gewinnen, daß das Wasser fähig ist, Sie zu tragen. Sie erwerben diese am besten auf folgende Weise: Wählen Sie eine Stelle, wo das Wasser allmählich tiefer wird, gehen Sie soweit hinein, bis es Ihnen an die Brust reicht, dann kehren Sie sich um, wenden das Gesicht dem Ufer zu und werfen ein Ei ins Wasser, so daß es zwischen Ihnen und dem Ufer niederfällt. Es wird zu Boden sinken, aber bei klarem Wasser leicht zu sehen sein; doch muß es tief genug liegen, daß Sie es nicht mehr erreichen können, ohne unterzutauchen. Um sich hierzu zu ermutigen, brauchen Sie nur daran zu denken, daß Sie vom tieferen zum seichteren Wasser gehen und imstande sind, jeder Zeit festen Fuß zu fassen und sich über das Wasser zu erheben, sobald Sie sich aufrichten. Tauchen Sie rasch mit offenen Augen unter, indem Sie sich gegen das Ei hinstürzen und sich bemühen, durch starke Bewegungen der Hände und Füße in die Nähe desselben zu gelangen. Sie werden bei dieser Gelegenheit finden, daß Sie vom Wasser, obwohl Sie hinabzukommen suchen, doch oben erhalten werden und daß man nicht so leicht untersinken kann, als Sie sich vorstellen. Nur durch kräftige Anstrengung werden Sie sich zu dem Ei hinabarbeiten können, sich dabei von der Fähigkeit des Wassers, Sie zu tragen, überzeugen und zugleich die Weise kennenlernen, wie Sie sich durch Bewegung Ihrer Hände und Füße auf dem Wasser zu erhalten vermögen.«[73] Kant hob in seinen pädagogischen Vorlesungen diese Schwimmprobe des berühmten Franklin hervor, der »sich wunderte, daß nicht jedermann dieses lernt, da es doch so angenehm und nützlich sei«[74]. Kinder schaffen sich oft erfindungsreiche Lernhilfen. Auch dafür zwei Beispiele von B. Franklin: »Als Knabe macht' ich zwei ovale Paletten, jede ungefähr zehn Zoll lang und sechs breit, mit einem Loche für den Daumen, um sie fest an der flachen Hand halten zu können: Sie waren Malerpaletten sehr ähnlich. Beim Schwimmen stieß ich mit ihren Rändern vorwärts und beim Zurückziehen schlug ich das Wasser mit ihren glatten Flächen; ich erinnere mich, daß ich mit Hilfe dieser Paletten schneller schwamm, aber sie ermüdeten meine Handgelenke.«[75] Die Gegenstände solch probierenden Handelns haben sich seit den Tagen Franklins und Kants gewandelt, die Methode ist die gleiche geblieben. So wurden z. B. im Rheinpark in Köln Plastikteile für das Kinderspiel im Sand bereitgestellt; die Kinder aber machten diese Teile zu Schwimminseln im Planschbecken und benutzten diese Inseln zu Gleichgewichtsproben und als Schwimmhilfen (Bild 8–9). In Niedersachsen entwickelten Pädagogen gemeinsam mit Kindern »Schulturngärten«[76], die zum Balancieren, Klettern, Springen und Werfen einladen sollen. Freies Üben ist erlaubt und interessante, neuartige Geräte wurden dafür von Lehrern und Kindern gemeinsam geschaffen.

2. Einsichtiges Handeln

Mit seinem Probieren und Entdecken gewinnt das Kind Erfahrungen, aber oft noch keine Einsicht. Probleminteresse bedeutet noch nicht *Problemverständnis.* Das Kind muß lernen, seine Handlungen zu verstehen, muß Anlässe, Folgerungen und Zusammenhänge erkennen. Wir fragen ein Kind: »Hast du es eingesehen?« und meinen damit, ob es über eine Sache nachgedacht hat. Denkanstöße für dieses bedachte Handeln können durch »Warum-« und »Wiefragen« ausgelöst werden. Ebenso müssen das Unterscheiden, Vergleichen und Werten angeregt und systematisch herausgefordert werden. Schematische Demonstration oder verbale Anweisung führen *nicht* zum Denken: »Schau her, so wird das gemacht, verstanden?« Mechanisches Nachahmen ist auch im Sport kein Lernweg. Wohl aber kann mitdenkendes Nachvollziehen eine neue Sicht freigeben, wenn durch das anschauliche Bild eine Bildeinsicht gewonnen wurde. Der »Trick« ist verstan-

den, das Aha-Erlebnis erfolgte: Jetzt weiß ich es! Aber das genügt noch nicht.
Anschauliche Hilfsmittel wie Filme, Lichtbildreihen, Tonband und Videorecorder können dem Kind zur Information, zur Selbstkorrektur und zum *kritischen Vergleich* verhelfen. Auch das Sehen und Beobachten muß gelernt werden. Beim Einsatz des Videorecorders im ersten Schuljahr wurde gefragt: »Erkennst du deine Bewegung?« »Was sagst du dazu?« »Was ist richtig?« »Was ist falsch?« »Was könnten wir ändern?« Die Kinder waren dabei nicht nur neugierig, sondern auch kritisch eingestellt. Kinder sollten deshalb Sport-Bilder und Sport-Filme sehen. Fotos und Lichtbildreihen im Klassenraum könnten bestimmte Phasen einer Sporttechnik informativ vor Augen führen und könnten die Aufmerksamkeit auf Schwerpunkte für das Lernen lenken: auf den Fußabdruck, auf Rumpf- oder Kopfhaltung, auf den Ansatz zu einer Drehung beim Wassersprung, beim Hochsprung etc. Durch audiovisuelle Hilfsmittel, z. B. durch verzögerte (Zeitlupe) oder wiederholbare (Schleife) Bewegungsfolgen können Lernschwerpunkte konzentrierter und systematisch sichtbar gemacht werden und dazu beitragen, daß aus dem probierenden Handeln mehr und mehr ein *bewußtes Handeln* wird. Denn das Vorstellen eines Bewegungsvorgangs soll dem Schüler zum Mitdenken im Handeln verhelfen. Dabei ist das denkende Lernen, das einsichtige Handeln im Sport, durchaus ein kindgemäßer und sich an der Sache unmittelbar erregender Prozeß, vorausgesetzt, auch der Lehrer beherrscht den Vorgang nicht nur in der Ausführung, sondern auch in der Versprachlichung. Kinder, die es »genau« wissen wollen und deren Fragen detaillierte Antworten verlangen, sind lernoffen. Es liegt keine »Altklugheit« darin, wenn Kinder ernsthaft eine Sportart oder -technik erklärt haben wollen.
Entscheidend für ein einsichtiges Handeln im Sport ist die Fähigkeit, sportliches Handeln sinnvoll sprachlich ausdrücken zu können. Ein junger Lehrer schilderte eine Episode, die er im Fußball-Stadion miterlebt hatte: Ein Fünfjähriger saß auf den Schultern seines Vaters, der im Gedränge nur einen Stehplatz in der letzten Reihe bekommen hatte. Der Junge erfüllte mit Stolz die Aufgabe, die ihm sein Vater übertragen hatte: Er sollte die Spielhandlung erläutern: »Jetzt laufen die Blauen, jetzt schießt ein Blauer, alle stehen wieder in der Reihe, jetzt laufen die Roten, aber nein, jetzt haben wieder die Blauen den Ball...« Sicher war das Kind noch nicht in der Lage, »einsichtig« diesen Spielverlauf zu schildern,

aber es war fähig, Angaben über den Bewegungsablauf, über den Wechsel der Bewegungsreaktionen der Spieler im Spiel zu machen, aus denen der Vater sich das Ereignis vorstellen konnte. Diese Reportagen wurden von dem Kind eine Halbzeit hindurch fortgesetzt; der ermunternde lobende Zuspruch seines Vaters erhöhte Konzentration und Ausdauer. Sein Selbstgefühl wurde sicher noch verstärkt durch den erhöhten Sitz, der ihm allein gegenüber dem sonst erhobenen Erwachsenen eine Einsicht verschaffte.

Kinder fragen oft gezielt: »Warum stellst Du Dich so hin?« und als Reaktion auf die Antwort folgt: »Das kann ich auch«. Rein *autoritär bestimmtes Lernen* durch mechanisches Nachvollziehen einer gegebenen Anweisung haben das Sportlernen lange Jahre behindert. Aber ebenso behindernd war auch das unernste, unsachgemäße Spiel im Grundschulalter. Kinder sollten zum Fragen, auch zum Widerspruch, angeregt werden. Ein »Streit«-Gespräch, eine Fachdiskussion im Sportunterricht intensivieren den Lernprozeß und führen vom Probieren zur Einsicht. Auch im ersten Schuljahr kann das Kind verstehen, was und warum es etwas tut und wie es seine Bewegungsform und Leistung selbst verbessern kann. Das Kind will ja auch wissen, warum der Roller plötzlich nicht mehr rollt, wie man eine Bremse am Fahrrad betätigt oder wie es den Fußball treten muß, damit er genau in die obere Ecke des Tores fliegt etc.

Untersuchungen zeigen, wie *arm an Denkanstößen* manche Sportstunden verlaufen. Statt zur Mitsprache und zur Diskussion aufzufordern (»Habt ihr gesehen, wie der Peter zugegriffen hat? Glaubt ihr, das ist richtig?«) wird nicht selten befohlen: »Seid still! Hört zu! Seht hin!« Ja, häufig wird, wie Unterrichtsprotokolle zeigen, nicht nur angeordnet, sondern auch gedroht: »Wenn du jetzt da oben nicht runterkommst, wirst du sehen, was dann passiert. Wenn du da oben runterfällst, glaubst du, du kriegst einen Pfennig dafür von der Schule bezahlt? Da kriegste noch ein paar geklebt, und zwar eine saftige Denkschrift!« Oder die betonte Art von Unterdrückung, von Furchteinflößung: »Na, wir wollen mal sehen, ob wenigstens einer dabei ist, der wenigstens ein ›gut‹ springt...«, »Das war 'ne drei, höchstens...« »War schlecht drei, aber ganz besonders schlecht...«, oder »Was ist denn hier hinten los? Sieh zu, daß du da verschwindest, sonst schmeiße ich dich ganz raus!« »Leute, ich sage immer wieder, ihr seid eurem Ruf wirklich würdig, hier an der Schule die schlechteste Klasse zu

sein. Ihr könnt Gift darauf nehmen, bei der Lehrerkonferenz werde ich dafür eintreten, daß sich bei euch nichts gebessert hat. So etwas kann man am besten hier im Turnunterricht feststellen...«[77]
Entsprechende Protokolle von Tausch lassen die Vermutung zu, daß das hier aus unseren Protokollen wiedergegebene Verhalten auch *in der Familie und im Kindergarten* noch weitgehend den Erziehungsstil bestimmt. »Die *dominativen Verhaltensweisen* der Kindergärtnerinnen mit den einzelnen Kindern waren doppelt so häufig wie die integrativen Verhaltensweisen (Anderson)« und »durchschnittlich sprachen die Kindergärtnerinnen alle 15 Sekunden eines oder mehrere der 3- bis 6jährigen Kinder unmittelbar an. 80% dieser sogenannten partnerbezogenen Anweisungen waren Befehle oder Drohungen. Beispiele: ›Mach schnell den Mund zu!‹ ›Wenn ihr ungezogen seid, schlaft ihr den ganzen Nachmittag, dann gehe ich nicht mit euch raus!‹ ›So, ihr baut mir jetzt beide Schiffe!‹ ›Brauchst gar nicht zu grinsen, du!‹«[78]
Nach Tausch findet also die Gängelung des Kindes durch die Familie ihre Fortsetzung durch neue Gängelbänder in Kindergarten und Schule. Damit verzichtet man aber auf einen der wichtigsten Lernvorgänge: Denn gerade in der Reflexion des Geschehenen und in der Übertragung des einmal Erfahrenen und Erkannten auf andere Situationen läge eine entscheidende Möglichkeit, dem Kind *kritisches Bewußtsein* und *echte Motivation* für den Sport zu erschließen. Allerdings müßte dieser Transfer von Bewegungserfahrungen aus dem Verhalten jedes einzelnen Kindes erarbeitet werden und der Sinn des Übens dürfte sich nicht auf den isolierten Übungsvorgang beschränken, wenn der Zusammenhang im Bewegungsablauf für das Kind einsichtig werden soll: »We learn not by doing but by thinking about we are doing.«[79] Das Wie und Warum der Bewegungsvorgänge ist für Kinder immer interessant: »Interessiertheit« aber ist »eine geistige Betätigungslust«, während die »Aktivität, von der man gewöhnlich spricht, mehr physische Bewegungslust zu sein scheint«[80].
Dieses ernsthafte und sachliche Interesse am sportlichen Lernvorgang galt lange Zeit nicht als kindgemäß. Und selbst im Hochleistungssport ist solche Selbstorientierung auch heute noch wenig entwickelt. Der Schweizer Trainer Misangyi berichtete am Beispiel von Hochspringern, daß nur wenige von ihnen exakte Angaben über ihr Bewegungsverhalten machen konnten.[81]
Kritiker meinen, im Sport sollte nicht soviel gedacht, sondern

praktisch gehandelt, geübt und geschwitzt werden. Oder *Sport* solle *als Ausgleich,* als Ergänzung des intellektuellen Lernens, angesehen werden. Diese sogenannte Ausgleichsfunktion beruht aber, soweit sie überhaupt als sachgerecht im Sportunterricht bejaht werden kann, wenn sie sinnvoll wirksam werden soll, auch auf Reflexion. Erst Nach- und Mitdenken helfen zu Ausgleichsqualitäten oder einem Gesundheitsbewußtsein.

Ein auf die Bewußtheit des Vollziehens gerichtetes Lernen ist auch das sogenannte »mental training«: »Das mentale Training beruht auf konzentrierter innerer Vorstellung einer sportlichen Handlung. Gegenüber dem ›observativen Training‹, das in der wiederholten, gezielten Beobachtung der Übung anderer Personen besteht, wird unter mentalem Training ein wiederholtes bewußtes Sich-Vorstellen der zu lernenden Fertigkeiten«[82] verstanden. Der Erfolg solch mentalen Trainings bei Erwachsenen ist nicht mehr anzuzweifeln.

Neuere Untersuchungen von K. Wiemann ergaben, »daß die rein mental trainierende Testgruppe als einzige einen signifikant höheren Leistungszuwachs als den der Kontrollgruppe zeigt«[83]. Dieses Ergebnis bezog sich auf Sportstudenten beim Erlernen einer Hang-Kehre am Reck. Ob dieses mentale Training auch in der Primarstufe lernwirksam werden kann, bleibt abzuwarten. Es setzt klares Vorstellungsbewußtsein und Konzentrationsfähigkeit voraus. Andrerseits könnte die Wechselwirkung von Beobachten, Probieren und Konzentrieren auf einen Lernschwerpunkt sehr effektiv sein, z. B. durch bildnerisches Gestalten.

3. Wetteiferndes Handeln

Wetteiferndes Handeln vollzieht sich auf jeder Lebensebene – nicht nur im Sport. Aber gerade im Sport sind *Vergleichen und Wetteifern natürliche Lernmotivationen.* Denn alle sportlichen Handlungen entwickeln sich im Neben-, Mit- und Gegeneinander, sei es nun im Vergleich mit der Leistung anderer, sei es im Vergleich mit sich selbst, mit der eigenen, früher erreichten Leistung.

Solch wetteiferndes Lernen bedeutet *Selbstherausforderung,* solange die erstrebte Leistung erreichbar scheint. Es bedeutet Antrieb, solange die Situation ein gewisses Risiko, eine »unvollständige Vorhersagbarkeit«[84] enthält, solange sie als repräsentative Leistung für eine Ich-Identifikation oder auch eine Gruppen-Identifikation z. B. besagt: »Das haben wir geschafft, das haben

wir vorher nicht erwartet!« Viele Kinder würden gern und oft solche »Risikosituationen« aufsuchen, werden aber meist davon abgehalten. Das Klettern in vier oder fünf Meter Höhe wäre für Sechsjährige eine selbstverständliche Leistung, aber unsere auf Sicherheitsbedürfnis und auf sterile Erfahrungsbereiche gerichtete Welt des Kinderspiels eröffnet auf Schulhöfen und Kinderspielplätzen kaum Chancen dafür.
Auch schulische Wettkämpfe sind oft nur wenigen vorbehalten und ohne Handlungs- und Lernreize für alle Kinder, weil sie zu wenig differenziert sind und die dort gebotenen Handlungen keinen *individuellen Herausforderungscharakter* haben. Die Bundesjugendspiele wurden zu reinen Maß- und Zahlfeststellungen. Das Kind erfährt oft nicht die persönlich erreichte Weite des Sprunges oder seine Laufzeit, sondern nur, wieviel Punkte es »gemacht« hat. So kennen viele Kinder ihre Leistungen nach den Bundesjugendspielen nur im Zahlenspiegel, aber nicht als ihre eigenen qualifizierbaren Wettkampfleistungen.
Beteiligung an organisierten Wettkämpfen der Schule sollte immer freigestellt werden. Wer japanische Schulfeste sah, weiß, wie mitreißend Wettkämpfe für jeden Schüler sein können, wenn das individuelle Wetteifer-Angebot interessant ist. Da wetteifern Eltern gegen Schulklassen im Tauziehen, Klasse gegen Klasse in Geschicklichkeitsproben, im Rollen von Autoreifen, im Sprung nach Papierballons etc.; und das sportliche Handeln manifestiert sich in jedem Moment auch als soziales Handeln.
Wetteiferndes Handeln benötigt *kreative Herausforderungen.* Die »Proben« des Kindes werden von ihm weiterentwickelt. Kommt es dabei zu höherer Kunstfertigkeit, so resultiert sie aus dem Vergleich mit der eigenen und mit der fremden Leistung und dem selbständigen Heraufschrauben des Leistungsanspruchs. Dabei beruht das Wetteifern durchaus auf Aggression, Angriffslust, die aber durch das Regelbewußtsein, durch die Handlungsvereinbarungen, beschränkt und beherrscht wird. Je stärker die Aggressionsmöglichkeit beim wetteifernden Handeln ist, z. B. in kontaktreichen Spiel- und Sportarten, um so schärfer werden auch die dazugehörigen Verhaltensregeln geprägt, z. B. im Basketballspiel, im American Football oder im Eishockeyspiel. Die logische Konsequenz des wetteifernden Handelns ist daher keineswegs ein ungezügeltes Ausleben von Aggressionen, sondern im Gegenteil das *Fair-Play-Handeln,* wie es sich mehr und mehr als Über-Norm des Wetteiferverhaltens durchsetzt: z. B. beim Fechter, der seine

Fehler selbst anzeigt, oder beim Tischtennisspieler, der den durch Fehlentscheidung des Schiedsrichters fälschlich zugesprochenen Punkt freiwillig wieder »verschenkt«.
Solche Fair-Play-Heraushebungen könnten auch in der Primarstufe ein Regelbewußtsein verstärken. Nicht zuletzt deshalb besuchten japanische Lehrer häufig mit ihren Schulklassen Sportwettkämpfe, damit die Schüler vor den Olympischen Spielen in Tokio die Wettkampfvereinbarungen am Sportbeispiel anschaulich werten lernten.

3.2 Lernziele und Lerninhalte – Aufgaben heutigen Sportunterrichts in der Primarstufe

Zum Begriff des Curriculum gehört das Prozeßhafte, die *permanente Diskussion* und Neubestimmung von Lehr- und Lernzielen in einem Fachbereich. Angeblich abschließende Ergebnisse widersprächen diesem Prinzip und wären mit großer Vorsicht zur Kenntnis zu nehmen. Nicht weniger bedenklich wäre es allerdings, wollte man darauf verzichten, von Zeit zu Zeit den jeweiligen Stand der Diskussion in Zwischenberichten zu objektivieren und daraus Folgerungen für die Unterrichtspraxis abzuleiten. Nur so können sich Planung und Praxis aneinander orientieren.
Dies gilt generell für alle Fachbereiche und infolgedessen auch für den Sport, dessen Lehr- und Lernziele im folgenden beschrieben werden sollen. Vergröbernd lassen sich *drei Lernbereiche* feststellen, wobei die Reihenfolge keine Rangordnung darstellt. Denn jeder dieser Bereiche ist im anderen integriert; sie bedingen sich wechselseitig.

1. Der Schüler muß die Funktionen seines Bewegungssystems verstehen und die Wirkungs-(Trainings-)lehre für sich anwenden lernen.
2. Der Schüler muß Bewegungsfertigkeiten und Sporttechniken systematisch erlernen.
3. Der Schüler muß die erlernten Fertigkeiten in verschiedenartigen Zusammenhängen anwenden lernen.

1. Lernbereich: Kenntnis des Bewegungssystems und Verständnis der Übungswirkung

Das Kind beginnt schon in den ersten Lebensjahren mit sogenannten *Funktions-Spielen:* es beugt und streckt seine Finger, klappert mit der Rassel, wippt auf und ab im Knien und Stehen. Der Schulanfänger lernt dann im Sport seine Bewegungsfunktionen sachgemäß an Bewegungsvorgängen kennen (z. B. Gelenk-, Muskel-, Kreislauffunktionen). In seinen Bewegungsfertigkeiten erfährt er seine Gelenkfunktionen (z. B. Beugen, Strecken, Drehen, Kreisen, Rollen) und lernt zu unterscheiden, warum einige Gelenke geringere und andere erweiterte Funktionsmöglichkeiten haben. Diese Informationen helfen zur Selbstkontrolle (»Kann ich die Zehen spreizen, beugen, strecken?«) oder zu Einsichten (»Zum Rollen muß ich den Rücken runden.«).

Das Kind erfährt auch durch die *Bewegungsvorgänge* seine *Bewegungseigenschaften:* Schnelligkeit, Beweglichkeit, Kraft, Ausdauer. Probleme werden dabei anschaulich: »Ist der Absprung schnell genug?« »Wann muß ich sehr schnell sein?« »Bin ich kräftig genug, kann ich im Hang und Schaukeln mein Körpergewicht halten?« »Kann ich mein Körpergewicht stützen im Radschlagen?« »Ausdauer, was ist das?« »Wie werde ich ausdauernd?« »Beweglich oder unbeweglich, steif, verkrampft – was bedeutet das?« »Wie gelenkig sind unsere Hände, unsere Füße, unsere Wirbelsäule?«

Durch solch elementare Frage-Antwort-Gespräche kann das Kind den Zusammenhang zwischen seinen *Bewegungsfunktionen* und seinen *Bewegungsleistungen* erfahren. Es sollte dabei erkennen lernen: Je feiner Sinnesempfindungen wie Tastsinn, Hautsinn, Muskelsinn entwickelt werden, und je präziser Raum-, Richtungs- und Tempoorientierungen funktionieren, um so richtiger ist die Reaktion in der jeweiligen Situation, um so besser die Bewegungsleistung.

Dieses Wissen, das freilich zunächst mehr auf Erfahrung als auf intellektueller Einsicht beruht, muß systematisch unterstützt, erprobt und erweitert werden. Interessant für die Lehre mag dabei auch der Vergleich mit dem Leistungssportler wirken, der sich im Gegensatz zur üblichen Meinung nicht etwa als besonders stark, abgehärtet und widerstandsfähig erweist, sondern umgekehrt als sensibel, ja überempfindlich. Es geht ihm in seinem Bewegungsempfinden wie dem Musiker in seinem Musikempfinden, der jeden Mißton »spürt« und Tonveränderungen und Ton-

schwankungen in Ebenen wahrnimmt, die einem ungeschulten Menschen kaum zugänglich sind.
Wesentlich ist es daher, daß das Kind schon frühzeitig über das Bewegungsspiel seine Koordinationsfähigkeit und Geschicklichkeit, sein Gleichgewicht und seine motorische Anpassungsfähigkeit entwickelt und übt. *Raumorientierung, Richtungspräzision* und *Zeitgefühl* sind dabei Qualitäten, die ganz besonders im Sport verlangt und gefördert werden. Richtungswechsel und variationsreiche Tempoübergänge werden beispielsweise in einfallsreichen Spielen mit entsprechender Rückmeldung über die Wirkung der einzelnen Handlung erlernt: in Anschleich- und Nachlaufspielen oder in Staffeln mit Richtungsänderungen. »Tempogefühl« entwickelt sich durch unterschiedliche Arten der Beschleunigung z. B. beim Starten oder wenn es darum geht, die eigene Bewegung auf Fremdbewegung abzustimmen, z. B. in einer Rundenstaffel oder beim präzisen Zuspielen eines Balls im Lauf. Auch *Form-* und *Raumbewußtsein* bildet das Kind in solchen Bewegungsspielen aus: Es lernt Kurve, Kreis, Kette, Schlangenbogen und Torkreis von geradlinigen Formen wie Gasse, Reihe, Zick-Zack, Ecke, Winkel, Start- und Abwurflinie zu unterscheiden (Zeichnung 1). So entwickelt es elementare Beobachtungskategorien, mit deren Hilfe es nach und nach lernt, Entfernungen genau abzuschätzen, Bewegungen aufeinander abzustimmen und so seine Fertigkeiten zu erhöhen und seine Spielfähigkeit zu verbessern.
Koordinationsfähigkeit und Geschicklichkeit, Gleichgewicht und motorische Anpassungsfähigkeit lernt das Kind nicht formal, sondern im konkreten *Spiel,* wenn ihm dabei eine umfassende Skala *variationsreicher Situationen* eröffnet wird z. B. in Spielen mit Luftballons, Federbällen, Tennis-, Fuß- und Basketbällen bis hin zu Medizinbällen. Verschieden geformte und verschieden schwere Spielgeräte bewirken unterschiedliche Flugkurven und verlangen von den Spielern entsprechend unterschiedlich schnelle und starke Ansätze. Dadurch wird die Reaktionsfähigkeit ständig verstärkt und die spezielle Eigenart der Geräte wird vom Kind selbst entdeckt: Durch das Spiel mit Luftballons lernt es andere Bewegungsimpulse als mit einem Fußball. Ein Luftballon fliegt langsamer, das Kind kann ruhiger reagieren und sich zurechtfinden lernen. Vier- und fünfjährige Kinder lernen mit dem Luftballon oder einem größeren Ballon-Ball gezielter ihre Wurf-, Tret-, Stoß- und Fangqualitäten zu entwickeln als mit andern Bällen, weil sie

Zeichnung 1: Beispiele für Raumgefühl, Richtungs- und Tempoorientierung auch innerhalb kooperativer Handlungen

am leichten Ball auch ihre Schnellkraft intensiver einsetzen können und genauer zielen lernen (Bild 3). Dabei lernen nicht nur Finger und Hände richtig zu reagieren. Vielmehr wird mit jedem Körperteil gespielt, der Spielreaktionen aufnehmen und erwidern kann: z. B. mit der Faust, den Ellenbogen, dem Knie, den Füßen. Die Erfolge solcher Übungen stellen sich bald ein: Das Kind lernt allmählich, stärker zielgerichtet zu reagieren. Es zielt genau, z. B. auf einen Kreis am Boden, an der Wand oder in ein Tor hinein. Nach und nach kann es ganze Reaktionsketten durchspielen: Wie lange kann der Ball in der Luft gehalten werden? Wie oft kann er mit den Fingern oder dem Fuß abgestoßen werden? Das Spiel mit einem Luftballon läßt sich weiter steigern zu einem Spiel mit zwei Ballons gleichzeitig; das Einzelspiel zum Zusammenspiel mit einem Partner oder in einer Gruppe.

Das Kind braucht also differenzierte Bewegungsantriebe, um Koordination und Reaktion zu verbessern. Angestrebt wird allgemeine und spezielle *Geschicklichkeit.* Sie beruht auf einer genau dosierten neuro-muskulären Steuerung und zeigt »den Grad der Mühelosigkeit, Geschwindigkeit und Genauigkeit motorischer Handlungen«[85]. Je variationsreicher das Aufgabenangebot ist, um so lerninteressanter wird das gestellte Problem, um so schneller sind sichere Selbststeuerung und Übereinstimmung von Kraftansatz und Bewegungsverlauf zu erwarten. Verbesserte Geschicklichkeit erweitert den Spiel-»Raum« und die kreativen Spiel-Möglichkeiten. Beherrschtes Spiel vertieft wiederum das Spielverlangen, und neue Einfälle entwickeln sich aus lustvoll erlebten Spielvariationen (Zeichnungen 2–5).

Die Hopse-Spiele, die Gummitwist- und Seilspringereien und die Ballproben beruhen auf dieser Einfallsfreude und auf selbstentwickelten Spielfertigkeiten. Solche Spielfertigkeiten aber stellen sich nur ein, wenn das Sensorium geschärft ist und wenn die Spielelemente sicher beherrscht werden.

Sind diese Voraussetzungen erfüllt, dann stellt sich aber nicht nur Spielfertigkeit ein, sondern auch ein *Bewußtsein von den Bewegungsvorgängen und -Funktionen.* Und dieses Bewußtsein löst Fragen aus, die ins Zentrum des ganzen Lernbereichs treffen: Fragen nach gesundem und ungesundem Verhalten. Sauberkeit, Stoffwechsel, Ernährung, Schlaf und Erholung – wie hängen sie mit dem Bewegungsverhalten zusammen? Auch hier geht es nicht um eine analysierende »Grammatik«, sondern um anschauliche Beispiele aus dem Alltagsverhalten und den gelernten Bewe-

Zeichnungen 2–5: 4 Themen mit Variationen: Ballrollen – Radschlagen – Gleichgewicht – Springen.

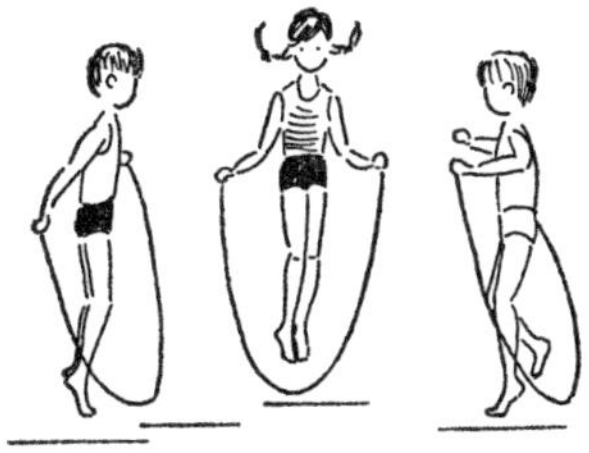

gungsvorgängen. Denn nur über gezielte Informationen und orientierendes Erfahren entwickelt sich ein *Gesundheitsbewußtsein,* als ein »vorausschauendes lenkendes Handeln«[86]. So lernen beispielsweise Kinder des 3. und 4. Schuljahres im Schul-Sonderturnen durch Pulskontrolle ihre Kreislauffunktionen zu überprüfen. Sie wissen dann: schnelle Erholungsfähigkeit bedeutet Kondition, Fitsein, Frische. Ich hörte Neunjährige auf ihrem Schulweg über die »Kondition« ihrer Kameraden beim Spiel diskutieren, sie beurteilten sie, wie der eine »durchgehalten«, der andere »schlapp« gemacht hat. Der Begriff »Kondition« war für sie also als »Stehvermögen« klar erfaßt und zumindest in seinen elementarsten Begründungen verständlich.
Selbst die viel diskutierte »gute Haltung« läßt sich von einem solchen allgemeinen Funktionsansatz her auch für das Kind verständlich machen. Sie darf eben nur nicht statisch gelehrt und kann nicht mit Hilfe eines »Haltungsmessers« gewertet werden, sondern muß dynamisch und sachgebunden in den Bewegungsvorgängen selbst als »richtig« oder funktionsfalsch erfahren werden. So wird z. B. nicht nur im Laufen, Springen oder Hüpfen der Haltungsaufbau gelernt, sondern auch im Sitzen oder Stehen. Denn Haltungsaufbau bezieht sich generell auf kontrollierten Widerstand gegen die Schwerkraft (Fuß-Aufrichtung, Becken-Aufrichtung, Schultergürtel-Aufrichtung).
Haltung bedeutet also vor allem, sich im Gleichgewicht zu halten. Sie beruht auf Koordination. Wichtig ist darum das Einüben und Lernen einer reaktiven, schnellen Haltungs- und Bewegungsveränderung mit dem Ziel, zu einem intuitiv »richtigen« Verhalten zu kommen, z. B. bei plötzlichen Richtungsveränderungen: vor-rück-seit im Wechselverhalten oder rennen und stoppen. Das kleine Trampolin ist schon für Vier- und Fünfjährige ein Experimentierfeld für differenzierte Haltungsaufbau- und Koordinationsübungen. Denn bewegte Unterstützungsflächen, d. h. schwankende Standflächen, sind lerngeeigneter für den Haltungsaufbau als starre Objekte.
Störungen im Haltungsaufbau können Störungsketten im Gesamtverhalten auslösen. So kann sich z. B. eine fehlende Fuß-Aufrichtung negativ auf Kniegelenke und Wirbelsäule auswirken. Es ist daher keineswegs eine überholte pädagogische Marotte, wenn man bei Kindern auf den richtigen Haltungsaufbau achtet, und wenn man mit ihnen in der Schule beobachtet, welches z. B. »richtige« Arbeitshaltungen und welches »richtige« Ruhehaltun-

gen sind. Es gibt allerdings keine allgemeingültige »Haltungserziehung«, sondern nur individuell erfaßbare Haltungskriterien.

2. *Lernbereich: Bewegungsfertigkeiten und Sporttechniken*
Im Sport werden nicht nur Bewegungsfunktionen einsichtig gemacht und Wahrnehmungs- und Unterscheidungsfähigkeiten entwickelt. Hand in Hand mit dieser Sensibilisierung geht die Vermittlung von *Bewegungsfertigkeiten und Sporttechniken:* Gehen, Laufen, Hüpfen, Springen..., Hängen, Schaukeln, Stützen, Klettern, Rollen, Überschlagen..., Werfen, Fangen, Schleudern... – das sind einige der Techniken, die das Kind im Sport der Primarstufe zu lernen hat.
Auch hier werden die einzelnen Fertigkeiten möglichst nicht isoliert, sondern als *sachlich zusammenhängende Komplexe* gelernt, z. B. laufen–hüpfen, laufen–springen. Sie werden im Tempo verändert, z. B. laufen: schnell, langsam, beschleunigt, verzögert, gleichmäßig. Sie werden räumlich verändert: z. B. hoch-, tief-, weit-, auf-, abspringen. Sie werden im Spannungswechsel, im Rhythmus, verändert. Die vielen Spielarten, die sich dabei ergeben, müssen systematisch erweitert werden. Denn die einzelne

Beispiele für Gehen/Laufen mit Varianten im Spannungswechsel und zeitlichen Ablauf, angeregt durch Sprachbegriffe:

schlurfen	*huschen*	*gebückt*	*leicht-füßig*
schlendern	*hasten*	*gebeugt*	*schwer-fällig*
hasten	*sausen*	*aufgerichtet*	*spring-lebendig*
trippeln	*rennen*	*hinfällig*	*sprung-haft*
stolpern	*rasen*	*hocherhoben*	
tapsen	*pesen*	*federnd*	
stapfen	*flitzen*	*springend*	
hinken		*gespreizt*	
traben			
trotten			

Technik ist immer das weiterentwickelte Ergebnis einer Auswahl aus einem breiteren *Bewegungsspektrum.* So wird die Sprungfähigkeit beispielsweise nicht primär in einer bestimmten Sprungart geübt, sondern in verschiedenartigen Sprungfertigkeiten: Erst nach und nach bildet sich etwa aus dem Springen der Rollsprung, aus dem Rollen »die« Rolle heraus.
Bewegungstechniken werden sicherer durch *wiederholtes Üben,*

auch unter veränderten Bedingungen. Der Lernschwerpunkt wird dabei jeweils aus zusammenhängenden Handlungen herausgehoben: z. B. Anlaufgeschwindigkeit, Stemmschritt, Roll- oder Wendetechnik beim Springen. Oder: Finger-, Handbeweglichkeit, Dribbeln, Sternschritt, Korbleger beim Basketballspiel. Oder: verschiedene Techniken innerhalb einer Bewegungsart, z. B. im Springen: Hocksprung, Laufsprung, Stützsprung, Laufkehre, Hockwende. Solche Bewegungstechniken sollten auch im ersten Schuljahr schon differenziert erkannt und richtig angewandt werden können.

Technische Sicherheit und Genauigkeit sind Lernvoraussetzung für den Sport. Dabei ist es nicht entscheidend, an welcher Sportart ein Kind den Sport erlebt. Wichtig ist nur, daß es an einigen Beispielen die Fortschritte und *Erfolge seines Übens* individuell erfahren kann. Ob Kinder z. B. zuerst Crawl- oder Brustschwimmen lernen, sollte von ihrem individuellen Schwimmverhalten, ihrer Wassersicherheit, Tauchfreude, Atemtechnik mehr bestimmt werden als von einer festgelegten Lehrintention. Weit wichtiger als eine lehrplanmäßige Festlegung des Schülers auf bestimmte Sportarten oder -Techniken ist es, den Schüler zu befähigen, sich »seinen« Sport zu wählen und ihn auch über die Schulzeit hinaus zu betreiben. Um das zu ermöglichen, unternimmt z. B. die Londoner Schulverwaltung große materielle Anstrengungen. Jedes Kind jeder Schule hat dort vom 10. Lebensjahr an die Möglichkeit, einmal wöchentlich jede gewünschte Sportart zu üben, vom Reiten, Rudern, Eislauf bis zum Tennis- oder Golfspielen. Wenn dem Kind dagegen wie in unserem Schulsystem in seinem Sportlernen sehr enge Grenzen gesetzt werden, dann ist die Motivation dafür, daß es »seine« Sportart sucht, entsprechend gering und die Chance, daß es sie tatsächlich findet, noch um vieles geringer.

3. Lernbereich: Anwendung

Weder die Entwicklung und Verfeinerung der Bewegungsfunktionen, noch das Einüben bestimmter Techniken geschieht um ihrer selbst willen. Beide gehören zusammen. Und beide zielen auf *Anwendung im Spiel, im Wettkampf oder im Tanz.* Dabei gilt das, was E. Straus vom Lernen in der Musik sagt, in ähnlicher Weise für den Sport: »Wer Geige spielen lernen will, muß hören können. Der Ton in seiner akustischen Gestalt und seiner ästhetischen Qualität ... bestimmt Maß, Richtung, Geschwindigkeit, Wechsel, Stärke und Bewegungen. Fortschritte macht der Schüler ... der in den Bereich abgestufter Bewegungen vordringt. Das Filigran der Bewegung wird erlernt. Es ist gar nicht richtig, daß einzelne Bewegungen erlernt werden. Gelernt wird eine neue Bewegungsweise. ... Die Bewegungen kommen nie einzeln vor, sondern in der Folge, im Wechsel, im Übergang. Richtig werden die Bewegungen dann, wenn sie auf den bestimmten Wechsel, auf die Gegenbewegung hin mit angesetzt sind. Die Abstufung, die Bremsung, die Variation der Richtung, der Übergang, müssen erlernt werden, d. h. das Abstufen ..., das Variieren.« [87]

Jede so beherrschte Bewegung besitzt auch im Sport *Gestaltcharakter:* Sie weist zwar »voneinander unterscheidbare Einzelkomponenten« auf, »deren wechselseitige Abhängigkeit in einem ganzheitlichen Zusammenhang jedoch Eigenschaften zeigt, die keiner Einzelheit zugeschoben werden können, sondern nur dem Ganzen. Das ›Ganze‹ ist in dieser Auffassung synonym von Gestalt.« [88] Das Gestalten einer Bewegung betrifft also den Gesamtablauf und die Gestaltbarkeit, bezieht sich z. B. auf Veränderungen im zeitlichen, rhythmischen oder räumlichen Bewegungsablauf mit dem Ziel einer neuen Gestalt, z. B. einer Fertigkeit, einer Technik, einem Spiel, einem Tanz.

Solches »Gestalten« vollzieht sich schon im *elementaren Bereich:* Wenn Kindern beim Spielen etwas einfällt, dann ist das bereits Antrieb für das Gestalten eines Materials oder einer Situation: Die Phantasie realisiert sich in den Grenzen des Spielraums, den sie vorfindet oder den sie sich schafft. Ähnlich »spielen« der Schwimmer im Wasser oder der Skiläufer auf der sicher beherrschten Piste mit ihrer Bewegungsphantasie.

»Sportliche Fähigkeit scheint in hohem Grade in der guten Leistung der *Bewegungsphantasie* zu bestehen, die die bei jedem Sport beanspruchten neuen Bewegungen vorentwirft.« [89] Gehlen macht das durch ein Beispiel verständlich: »Wenn wir vor einem breiten Graben einen Sprung erwägen, so ist die Ausführung oder Unterlassung vom Resultat eines ›eingebildeten‹ Sprunges abhängig. Wir können alle unsere Glieder phantasiemäßig in andere Lagen, Bewegungen oder Bewegungskompositionen versetzen, ohne dies wirklich auszuführen.« [90]

Solche Bewegungsphantasie entwickelt sich durch freies Verfügen und phantasievolles Handeln. Zuerst ist der Lernende von der Schwierigkeit der Aufgabe in Anspruch genommen, so daß für die nötige Einfalls-Freiheit kein Raum bleibt. Erst wenn er über differenzierte Bewegungsfähigkeiten verfügt, kann die Bewegungsphantasie wirksam werden. Denn sie »ist sozusagen das Produkt des Abkürzungsprozesses, den eine Bewegung durchmacht, ehe sie gekonnt ist, ehe sie aus den eleganten Minimumbewegungen der beherrschten Bewegung besteht. ... Die Breite unserer Bewegungsphantasie ist also durchaus von dem schon geleisteten abhängig, von dem Reichtum der Bewegungserinnerungen und der gemachten Erfahrungen, in denen sich die gekonnte Bewegung emporgeübt hat.«[91] Umgekehrt reicht die Fertigkeit allein auch nicht aus. Erst wenn sie »zusätzlich von einer *gestalterischen Tendenz* mitgeformt wird«[92], wird die erworbene Fertigkeit zum gestalteten Spiel. Ob das gelingt, ob Entwurf oder Wiederentwurf als Gestalten oder Nachgestalten gelingen, hängt letztlich von der Fähigkeit ab, dem Einfall eine wiederholbare Gestalt zu geben.

Dies gilt nicht nur für das Spiel, sondern auch für die anderen Anwendungsbereiche: für Wettkampf und Tanz, die gleichermaßen auf Technik und Erfindung, Einfall und »Witz« (Buytendijk) beruhen. Deshalb wäre es gut, wenn die Arbeit von Graumann über die »Kriterien des Einfallserlebens«[93] ähnliche theoretische Überlegungen und experimentelle Analysen auch im Sport auslösen würde, und wenn damit auch in diesem Bereich die Forderung von Roth zum Lehrziel erhoben würde, man solle »den rechten Umgang mit Einfällen lehren«[94]. Denn erst Bewegungseinfälle machen den Spieler zum guten Spieler, den Skiläufer zum situationsgewandten Läufer, den Tänzer zum souveränen Meister der Bewegung.

Wenn also die Bewegungsphantasie im Vollziehen virtueller Bewegungen besteht (z. B. beim Sport, bei neuzulernenden Bewegungskoordinationen) und gleichzeitig die Phantasie als »eigentlich kommunikative Macht« bezeichnet wird, »die die Einheit unseres Bewegungs- und Empfindungslebens herstellt«[95] – warum wehren sich Psychologen und Pädagogen dann nicht *gegen die* sogenannte *Bewegungsgeschichte* als »Illusionsspiel« im Sport der Schulanfänger? Warum verlangen sie nicht nachdrücklich, daß der Sport der Phantasie einen sachgebundenen Spielraum schafft? Die Identifikation, die man dem Kind im Sport der Primarstufe mit Tieren, Pflanzen und anderen Objekten zumutet, ist jedenfalls sachfremd und daher unsinnig. Warum wird Kindern aufgetragen: »Ihr seid Pferde...«, »Ihr seid Motorradfahrer...«, »Ihr seid alle Fohlen...«, »Ihr seid alle Volkswagen...«, »Ihr seid alle Lokomotiven...«. »Die ratternden und zischenden Eisenbah-

nen wurden mehr und mehr in neuester Zeit abgelöst durch neuzeitliche Rollen«, ... z. B. »Ihr seid Düsenjäger, die vom Flugplatz starten. ...Da lösten sich unter dröhnendem Heulen, Brummen und Kreischen diese gestauten Bewegungsimpulse« – so wird das Beispiel einer »mit intensiven motorischen Spannungen verbundenen Darstellungsaufgabe« nach Besuch eines Flugplatzes beschrieben. Welche sachfremden Vorstudien sind für diesen sogenannten »wirklichkeitsnahen Illusionsraum« notwendig? Soll die Klasse einen Flugplatz, eine Trabrennbahn, ein Dressurreiten besuchen, um »Sport« zu »spielen«? Sollen Kinder sich im Fernsehen für die Rolle eines Cowboys oder in einem Zirkus für die Rolle eines Kasperle orientieren?[96]
Statt solch falsch verstandener »Kindgemäßheit« geht es auch schon im Unterricht der Primarstufe um *sachgerechte Bewegung* und *angemessene Bewertung* der eigenen und der fremden Bewegungsleistung. Dabei sieht auch das Kind schon sehr genau den Zusammenhang, der zwischen dem *Lernen* und der *Leistung* besteht: Es weiß, daß es seine Leistung durch Lernen verbessern kann, und es will das auch. Warum aber wird diese Möglichkeit, durch Leistung zu lernen, dem Kind im Bereich des Sports so oft versagt? Warum ist die Sportleistung im Elementarbereich des Lernens so wenig geachtet? Offensichtlich geht man immer noch von der falschen Voraussetzung aus, daß dem Kind eine sportliche Leistung abgezwungen werden müsse. Das genaue Gegenteil ist jedoch der Fall: Nicht das Müssen, sondern das Wollen führt zur sportlichen Leistung – auch schon im ersten Schuljahr. Gerade darin liegt ja das eigentliche Kriterium für die »Bildungsfähigkeit als Fähigkeit zur Mündigkeit, personalen Freiheit und Verantwortlichkeit«[97] im Bereich des Sports. Das Kriterium liegt in der Zielstrebigkeit, im selbständigen Wählen und Wünschen aus sachlichem Erkennen. Das Resultat, die Leistung selbst, ist für den Lernprozeß nicht so entscheidend wie der Weg, das zielbewußte Streben, die innere Sammlung, die Konsequenz und die Beharrlichkeit im Lernen-Wollen.
Gerade im Sport verfügt das Kind über solche *natürliche Anstrengungsbereitschaft:* Es strengt sich gern an, es will leisten. Auf dieser Lernbereitschaft beruht der Lernfortschritt, der Lernerfolg. Leistungsdruck und Leistungszwang dagegen unterdrükken die freiwillige Bereitschaft. Kinder sollten daher nie zu einer Sportleistung, zu einem Wettkampf gezwungen werden.
Von einem Sportler, der sich durch seine Leistungen zu einer

höheren Leistungsklasse befähigt hat, sagt man: er hat sich qualifiziert. Diese Qualifikation im Sport gilt für jede Handlung, für jedes Lernen und Anwenden von Bewegungsfertigkeiten – auch für den Grundschüler. Sorgfalt, Stetigkeit, Konzentration sind dazu nötig – auch für das Kind. Und es ist durchaus bereit und in der Lage, diesen Einsatz zu leisten, wenn der angelegte Bewertungsmaßstab seinen individuellen Möglichkeiten angemessen ist, und wenn es ihn infolgedessen verstehen und akzeptieren kann.

4. INDIVIDUALISIEREN DURCH DIFFERENZIEREN

4.1 Möglichkeiten zur Differenzierung der Lernebenen

Die Praxis heutigen Sportunterrichts in der Primarstufe ist wenig ermunternd: die große Anzahl der Schüler, der Mangel an ausreichendem Sportraum, an Sportgeräten, an Sportmedien, an Fachwissen, verleiten den Lehrer gerade im Sport dazu, auf Gleichmaß, Ruhe und Ordnung mehr bedacht zu sein, als auf die Spontaneität, Spielfreiheit und *individuelle Lernaktivität* des einzelnen Schülers.
Auch der sogenannte »pädagogische Eintopf«[98], der allen Schülern ein gleichartiges und gleichmäßiges Lernangebot vermittelt, beeinträchtigt einen effektiven und motivierenden Unterricht ganz erheblich. Denn gerade im Sport können Kinder einer Klasse bei Schulbeginn einen so *unterschiedlichen Lern- und Leistungsstand* aufweisen, wie in kaum einem anderen Fach: die einen können schwimmen, die anderen müssen es erst lernen; die einen sind im Fußballspielen oder Seilspringen gut geübt, die anderen benötigen noch eine mehr oder weniger lange Einübungszeit mit dem Gerät etc. Diesen unterschiedlichen Voraussetzungen wird der weithin praktizierte Unterricht nicht gerecht. Für sportgeübte Kinder wirkt deshalb die heutige Lernsituation im Sportunterricht auf der Primarstufe eher lernhemmend als lernmotivierend.
Warum aber wird im ersten und auch im zweiten Schuljahr gerade der Sport nicht ernsthaft und sachrichtig gelernt? Sogenannte Spielformen vermitteln keine Sachkenntnis. In keinem anderen Fach werden so viel »Spielereien« geboten und wird so wenig zielorientiert gelernt. Auch das Spielen, die einzelnen Spielinhalte und Spieltechniken müssen ja rechtzeitig geübt und gelernt werden, um gut gespielt werden zu können.
Manche Kinder reagieren mit Überheblichkeit: »Das ist ja puppenleicht, das kann ich schon lange«, oder mit Langeweile: »Wir spielen ja nur.« Diese *Äußerungen mangelnder Motivation* sind typisch für Kinder, deren Leistungserwartungen nicht erfüllt werden. Wenn heute allgemein in der Primarstufe durch *mangelnde Sachinformation* etwa 30% der Kinder als nicht befriedigt in ihrem »Anspruchsniveau« bezeichnet werden, dann ist der Prozentsatz im

Sport für diejenigen, deren mögliche Lernebene gar nicht erst erreicht wird, sehr wahrscheinlich doppelt so hoch.

Differenzierung innerhalb der Lernebenen, der Lernschwerpunkte und der Aufgaben für den einzelnen Schüler ist darum vom 1. Schuljahr an erforderlich, um ein Kind nicht zu unterfordern, aber auch nicht zu überfordern. Der Ungeübte bedarf ebenso der individuellen Lernintention wie der Geübte. Je besser es gelingt, herauszufinden, was für den einzelnen für diesen Tag, für diese Stunde, für diese Aufgabe zumutbar ist, wozu er fähig und wozu er momentan motivierbar ist, um so größer ist der Erfolg im Lernprozeß.

Was sich ein Kind zutrauen darf, kann es nur erkennen, wenn es differenzierte Leistungsebenen richtig einschätzt. Das aber setzt einen Lernprozeß voraus, zu dem es bei vielen Kindern nicht kommt, weil sie keine Gelegenheit haben, dieses *Selbstabschätzungsvermögen* zu üben, weil ihnen kein Freiraum für die Selbst-Entdeckung geboten wurde. Mit ihnen hat der Lehrer oft mehr Probleme als mit denjenigen, die sich überschätzen. Wie man solchen Mißständen durch *Individualisierung* des Unterrichts begegnen kann, können einige Beispiele andeuten (Zeichnungen 6 u. 7).

1. Beispiel: Den Schülern kann z. B. ein unterschiedliches Leistungsniveau angeboten werden: Jeder Schüler wählt sich innerhalb eines Schwerpunkt-Themas seine Leistungsebene selbst. Beispiel-Thema: »Balancieren«.

Angeboten werden Aufgaben in verschiedenen Schwierigkeitsgraden, z. B. Balancieren auf einem Medizinball, auf einer niedrigen, auf einer höheren Schwebekante. Balancieren mit Zusatzaufgaben wie Balltragen, Ballspiel. Jedes Kind wählt sich eine der angebotenen Aufgaben und schließt sich der jeweiligen Lerngruppe an. Nach kurzer Zeit wird eine gegenseitige Beobachtung in den Lernprozeß eingeschaltet, um den einzelnen Gruppen die unterschiedlichen Gleichgewichtsaufgaben und die inzwischen gelernten Leistungen vor Augen zu führen. Jedes Kind kann dabei vergleichen und werten lernen. Nach dieser Information für alle kann jedes Kind sein zunächst gewähltes »Niveau« wechseln, wenn es will. Einige Kinder haben vielleicht erst durch die gegenseitige Demonstration ihr Interesse für schwierigere oder leichtere Aufgaben entdeckt. Durch immer wieder zwischengeschaltete anschauliche Informationen für die Kinder über die Möglichkeiten, mit dem gestellten Thema umzugehen, und durch Beispiele, die die Kinder selbst zeigen, die etwas mit dem Thema anzufan-

Zeichnung 6: Individualisieren durch differenzierte Leistungsebenen

Zeichnung 7: Individualisieren durch differenzierte Themenangebote

gen wußten, orientiert sich das einzelne Kind über das, was es lernen will. Es wählt, allmählich sicherer geworden, die Lernstufen, die seiner eigenen Vorstellung entsprechen, auch auf die Gefahr hin, diese Selbstanforderung zu gering oder überhöht einzuschätzen. Dieser freiheitliche Unterrichtsstil sollte auch auf die Gefahr hin beibehalten werden, daß einige Kinder sich nicht selbständig und sachbezogen entscheiden, sondern mit dem Freund oder der Freundin zusammen üben wollen. Denn solche personale Abhängigkeit kann erst im Laufe längerer Lernperioden abgebaut und in sachbezogenes Verhalten weiterentwickelt werden.

Der individualisierende Lernprozeß, der dem einzelnen Kind das selbständige Wählen und Werten ermöglicht, erfordert Geduld, wiederholtes Vorstellen des gleichen Themas mit variationsreichen Lösungen und systematisch aufbauende Neuvorstellung anderer Themen mit dem gleichen Ziel differenzierter Lernebenen.

2. Beispiel: Es werden verschiedenartige Themen angeboten. Der Schüler wählt sich davon ein Thema aus. Vorausgesetzt wird dabei, daß die Übungsanforderungen der einzelnen Themata in vorhergehenden Unterrichtsstunden allgemein bekanntgemacht wurden, z. B. durch Einführen in Stützsprünge, Tauklettern, Korbeinwürfe etc. Das Kind kann sich auch sein Lernziel nach seinen bisherigen Lernschwächen auswählen, z. B.: »Im Klettern bin ich noch schwach, da müßte ich noch üben« oder: »Jetzt probiere ich den Korbeinwurf nochmals.«

Fünf Beispiel-Themen: a) Balancieren (Medizinball, Rundbalken), b) Klettern an Tauen, c) Hockwende, Stützsprünge, d) Zielwürfe, e) Dribbeln mit dem Ball.

Nach wiederholten Versuchen dieser Art kann das Lernergebnis in einem auf die bekannten Schwerpunkte abgestimmten *Circuitprogramm* von allen Kindern selbständig getestet werden. Sie können prüfen, ob jede »Station«, d. h. jedes der fünf Lernziele, erfolgreich bewältigt worden ist. Diese Selbstinformation, z. B. durch Ausfüllen von vorbereiteten Testbögen oder Sport-Fibeln, macht nach unseren Erfahrungen den Kindern besondere Freude, weil sie selbständig ihre Fertigkeit kontrollieren lernen (Zeichnungen 8–11).

3. Beispiel: Eine weitere Möglichkeit der Differenzierung wird im Lernen von Sportarten im Kurs-System erreicht, in Kursen, die z. B. über zwei bis drei Monate angeboten werden und bei denen »in einer periodischen Konzentration zeitliche Massierung für die

1. Schuljahr

Zeichnungen 8–11: Vier Beispiele für Circuit-Programme im 1.–4. Schuljahr mit steigerbaren Lernzielen, aufgebaut in je fünf Übungsstationen mit gleichartigen Aufgaben. Selbstkontrolle im Lernerfolg durch Testbogen oder Aussage.

3. Schuljahr

4. Schuljahr

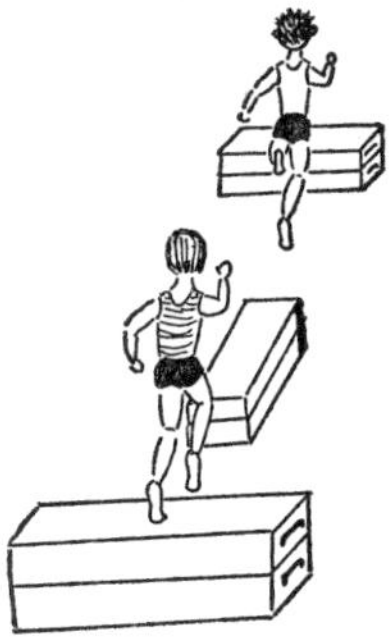

unterrichtliche Behandlung eines Themas«[99] erfolgt. Vom 1. Schuljahr an könnten z. B. Schwimmen, Rollschuhlaufen, Eislaufen und Skilaufen im Kurs-System angeboten werden. Dabei können gleichzeitig in verschiedenen Kursen klassen-übergreifende Gruppen gebildet werden. Ein Schwimmkurs ist beispielsweise nur dann effektiv, wenn er entweder als Anfängerkurs oder für Fortgeschrittene angeboten wird; Kinder, die schon Schwimmer sind, sollten währenddessen Gelegenheit erhalten, eine andere Sportart zu wählen.
Das *Kurs-System* bedeutet zeitweise Lernbeschränkung auf eine Sportart bei gleichzeitig verbesserter Sachinformation zur Vertiefung. Kinder lernen dabei den gewählten Sport gründlicher und »richtig«. Solches Spezialisieren auf einem Gebiet ist darüber hinaus in dieser Zeit der Überfülle an Eindrücken eine Möglichkeit, das notwendige »how to learn« auf einigen Ebenen zu lernen. Denn das Spezialisieren bedeutet auch für das Kind ein Intensivieren. Es bewirkt eine wichtige Lernverstärkung am Exemplarischen. Nicht jedes Kind kann in jedem Sport gleich gut sein. Man muß ihm darum rechtzeitig Gelegenheit zu besonderer Motivierung für eine Sache geben, die ihm »am Herzen« liegt.
Individuell lernen heißt eigene Wege finden. Das Kind kann durch differenzierte Lernangebote:

1. individuelle Leistungsebenen wählen und selbständig die Lern-Ebene wechseln lernen;
2. individuelle Leistungsschwächen selbst erkennen und Gelegenheit zum intensiven Üben, zum Ausgleich, erhalten;
3. eine Sportart nach der anderen durch spezielle Kurs-Systeme mit Fachinformationen lernen.

4.2 Individualisieren und Sozialisieren – Zur Praxis des Gruppenunterrichts in der Primarstufe

Wie lassen sich differenzierte Hilfestellung und individuelle Freiheit im Lernprozeß miteinander verbinden? Wie kann der Lehrer dem Kind einerseits *differenzierte Hilfen* im Sport geben, wenn er ihm andererseits gerade *Spiel- und Bewegungsfreiheit* soweit wie möglich eröffnen muß, um den Lernprozeß effektiv zu unterstützen? Ist eine Freiheit zu rechtfertigen, die zu unvorhergesehenen, auch ungewollten Kontakten führen kann, und die einen Unfall, eine Gefährdung des einzelnen Kindes nicht ausschließt? Kinder rennen oft »blindlings« in eine andere Gruppe, sie »rasen« gegen ein Gerät. Ist die einzige Konsequenz, die sich daraus ziehen läßt, in dem Satz enthalten: »Ich darf nicht laufen in der Pause«, den kürzlich ein siebenjähriger Schüler als Strafarbeit 50mal schreiben mußte?

Individuell gerichtetes Lernen soll dem einzelnen Kind dazu verhelfen, seiner selbst sicher zu werden; aber dazu braucht es Gelegenheit, braucht es Raum zum selbständigen Handeln. Das erfordert ausreichend Frei-Spiel-Raum, *Freigabe der spontanen Handlungen.* Die Turnhalle und der Sportplatz bieten solchen Freiraum. Sie zwingen den einzelnen nicht auf seinen »Platz«, sondern ermutigen zu Losgelassenheit und Ungebundenheit. Gleichzeitig verlangen sie aber auch *Rücksichtnahme* des einzelnen Kindes *auf das Miteinander,* auf die Handlungen der anderen Kinder im gleichen Raum.

Beides miteinander zu verbinden, ist nur in einem fortlaufenden Prozeß der *Sozialisation* möglich. Da jeder Sozialisationsprozeß auf selbstbewußtem Handeln beruht, wäre es durchaus falsch, »in der Sozialisation einen Vorgang der Anpassung zu sehen, gewissermaßen den Prozeß der Angleichung an das gesellschaftliche ›Man‹, verbunden mit der zunehmenden Destruktion des Ich ... Sozialisation erschöpft sich nicht in der Übernahme von Sachzwängen und Werthandlungen jeweiliger Gesellschaftsordnungen, sondern diese Übernahme selbst ist schon ein Akt schöpferischer Umgestaltung und Distanzierung von dem ›Man‹.«[100]

Mit diesem Sozialisationsprozeß muß die Schule am ersten Schultag beginnen: Im Freiheitsraum des Sports kann dies besonders gut geschehen. Gerade hier nämlich muß das Kind *Selbstkontrolle und Selbstdisziplinierung statt Fremdkontrolle und blinder Folgsamkeit* lernen. In jeder Sportstunde muß es erfahren können, daß Achtsamkeit und Rücksichtnahme elementare soziale Verhaltensweisen sind, die sein individuelles Leben nicht einschränken, sondern erst möglich machen. Es muß einsehen können, daß Spielregeln mehr sind als bloße Übereinkünfte; daß sie nämlich erst den Spielraum schaffen, in dem individuelle und gemeinschaftliche sportliche Leistung möglich – d. h. konstatierbar – wird.

Es gibt wohl keinen anderen Fachbereich, in dem die Notwendigkeit solchen *sozialen Verhaltens* für das Kind so unmittelbar einsichtig wird, wie im Sport. Und deshalb gibt es wohl auch keinen anderen Fachbereich, der dieses vielleicht wichtigste allgemeine Lernziel einer gesellschaftsbewußten Bildungskonzeption auf dieser Altersstufe wirksamer fördern kann, als der Sport. Dabei kann der Unterricht durchaus an *vorschulische Verhaltensformen* anknüpfen. Denn wechselseitige Kontrolle und Regeltreue, elementare Voraussetzungen sozialen Verhaltens, bestimmen auch schon das Spielverhalten von Kindern, die noch nicht die Schule besuchen. J. Piaget beschreibt dies am Murmelspiel: »Kinderspiele sind bewundernswerte Einrichtungen. Das Murmelspiel der Knaben z. B. enthält ein System mannigfacher Spielregeln, ein vollständiges Gesetzbuch und eine ganze Rechtssprechung.« [101] Interessant für diese Regel-Spiele sind aber vor allem die Hopse-International, die 4000 Jahre alten Hopse-Spiele der Kinder, die unabhängig voneinander überall in der Welt ähnlich gespielt werden. Sie stellen ein von Kindern erfundenes, programmiertes, kontrollierbares Lernsystem dar: wer eine bestimmte Leistungsstufe nicht erfüllt, wird zurückversetzt oder fängt wieder von vorne an (Zeichnung 12).

Im Sportunterricht der Primarstufe wird diese Regeltreue mehr und mehr zu *aktivem sozialem Verhalten* erweitert. Das geschieht nicht durch Befehle, sondern stets durch herausfordernde Aufträge: z. B. die Geräte »richtig« aufzubauen, dem Mitübenden »richtig« zu helfen, Unfälle zu vermeiden. Das bedeutet als Lehrerhilfe: Kinder müssen gegenseitiges Helfen und Sichern präzise lernen; diese Hilfe-Leistungen sind im Sport »programmiert«, in Gruppenarbeit werden die verschiedenartigen »Helfer-Griffe« und Sicherungsmaßnahmen gelehrt. Jeder hilft dabei jedem. Nicht der Lehrer sichert, sondern Kinder lernen sich selbst zu sichern und gleichzeitig die Sicherheit für andere zu beachten. Erst diese Selbsthilfe befähigt sie zum selbständigen Lernen. Die allgemeine Selbst-Disziplinierung muß in ihren Regeln, in der Achtsamkeit, der Rücksichtnahme verstanden und von den Kindern angewandt werden, dann entsteht sehr rasch ein Bewußtsein dafür, daß jeder für jeden verantwortlich und jeder auf jeden angewiesen ist.

Eigentlich sollten Gruppen im Sport nur 10 bis 15 Kinder umfassen wie im Ski- oder Schwimmunterricht. Ein Schüler-Helfer-System, eine Art team-teaching, scheint der einzige Ausweg aus dem Massenunterricht von heute zu sein, eine Hilfe, die bisher im Sport kaum genutzt wird. Solche überschaubaren Gruppen bieten daher die größte Chance, die beiden allgemeinen Ziele

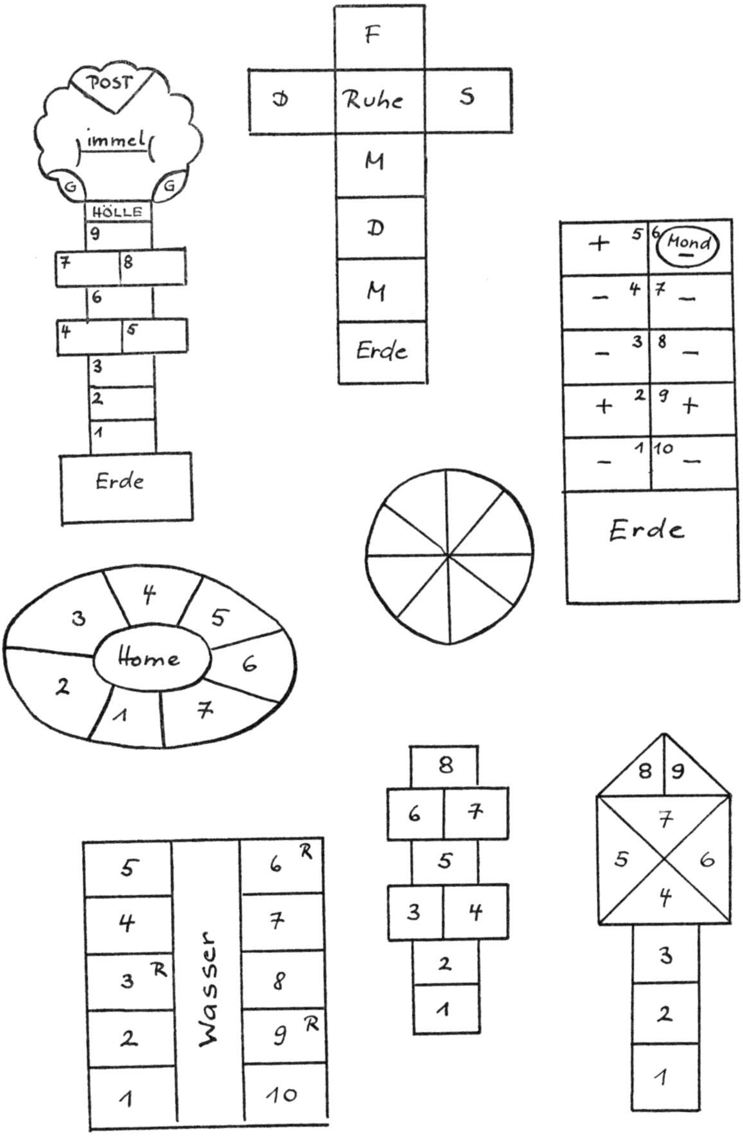

Zeichnung 12: Internationale Hopse-Spiele als Beispiele von selbstentwickelten Programmen mit steigerbaren Schwierigkeiten

heutigen Sportunterrichts miteinander zu verbinden: *Individualisierung und Sozialisation.* Denn »sind die Schüler zu freier Arbeitsweise angehalten und daran gewöhnt, so kann der Lehrer auch dann die Gruppen selbständig üben lassen, wenn er sie nicht gleichzeitig und dauernd übersieht«[102]. Dadurch hat er aber die Möglichkeit, seine Hilfe betont den Lernschwachen zuzuwenden, während schnell auffassende und sportgeübte Kinder selbständig weiter üben. Er kann aber auch neue Lernziele zuerst mit einer kleinen Gruppe in einem überschaubaren Feld erarbeiten, um anschließend andere Gruppen nacheinander in den gleichen Lernprozeß einzuführen.

Solch selbständiges Lernen in der Gruppe muß wiederholt mit entsprechenden Aufgaben gelehrt und geübt werden. Zusammenhängende Bewegungshandlungen, in denen der einzelne auf das Miteinanderhandeln angewiesen ist, fördern dabei die Gruppenarbeit: z. B. Seilspringen zu dritt mit gegenseitiger Ablösung; oder: gegenseitig abhängige Handlungen mit einem Stab oder mit Bällen, als Trage-Ablöse-Staffel etc.

Durch solche »Aufgliederung der Schulklasse oder Übungsgemeinschaft in selbständige Übungsgruppen«[103] vergrößert der Lehrer die Effektivität im Lernprozeß ganz entscheidend. Vor allem aber verfolgt er damit besser als durch jede andere Unterrichtsform das allgemeinste Lernziel des Sportunterrichts: die Einsicht, daß sportliches Handeln immer ein Miteinander ist – auch dort, wo es als Gegeneinander erscheint.

Je nach der Hilfsbedürftigkeit der Kinder muß die Lehrerhilfe differenziert werden, z. B. durch Ermutigen, durch individuelle Wertung und Beurteilung sowie durch spezielle Förderungsmaßnahmen.

4.3 Möglichkeiten differenzierter Lehrerhilfen

A. Tausch und Mitarbeiter weisen in einer Untersuchung »die Auswirkungen *ermutigender Lehreräußerungen* auf Leichtathletikleistungen von Schülern« nach. Der Versuch wurde in neun Klassen eines 5. und 6. Schuljahres in Hamburg durchgeführt; er läßt sich ähnlich auf die Grundschule übertragen. Nach je einem 50-m-Lauf, Weitsprung und Schlagballwurf wurden bestimmten Schülergruppen pro Woche fünf bis acht Ermutigungen, über 2 bis 3 Turnstunden verteilt, mit kurzen Zurufen gegeben. Die Zurufe bezogen sich auf drei verschiedene Leistungsstufen:

a) der Schüler erreicht nicht wieder seine beste Leistung: »Nur weiter Mut!« – »Wird schon noch!« »Schon besser, wird ja wieder«;

b) der Schüler erreicht wieder (oder fast wieder) seine beste Leistung: »Im Prinzip richtig!« »Weiter so!« – »Schon viel besser!« »Ja!«;

c) der Schüler überbietet seine beste Leistung: »Gut!« – »Fein!« – »Sehr gut« – »Bravo!«.

Gegenüber den anderen Schülern als Kontrollgruppe, die über die Versuchsperiode von zwei mal vier Wochen keine ermutigenden Zusprüche erhielten, zeigten die sehr »ängstlichen, zusätzlich durch den Lehrer ermutigten Schüler und Schülerinnen eine über dem Erwartungswert liegende Verbesserung der gesamten Leichtathletikleistungen und in der Einzeldisziplin 50-m-Lauf, während die sehr ängstlichen Schüler der Kontrollgruppe ohne diese zusätzlichen Ermunterungen zu einer Leistungsverschlechterung tendierten«. Ein »angstreduzierender Effekt« konnte nicht nachgewiesen werden. Bemerkenswert ist noch, daß »sehr ängstliche Schüler, wie sie hier in der Untersuchung in der Leichtathletik ermuntert wurden, gleichzeitig auch die leistungsschwächsten Schüler in der Rechtschreibung waren«[104] und anschließend ihre Leistungen sich allgemein verbesserten. Die verbesserte Sportleistung kann in besonderen Situationen als Erfolgs-Erlebnis eine Transfer-Motivation erreichen.

»Vom ersten Schuljahr an sollte das selbständige Vergleichen und Beurteilen von Bewegungsvorgängen angeregt und gepflegt werden und damit auch die Selbstkontrolle einsetzen, so daß der Schüler *die Beurteilung seiner Leistung verstehen lernt«.*[105] Lernfortschritte müssen subjektiv, im Hinblick auf die Lernbereitschaft und Befähigung des einzelnen Schülers beurteilt werden. Keine »Note« im Sport ist besser als individuell-ungerechtfertigte Urteile.

Die schlechte Note motiviert so manche »Freistellung« im Sport. Vom Sportunterricht kann man sich mit Hilfe eines Attestes freistellen lassen. Das trifft für keinen anderen Unterricht zu, außer der Schüler ist krank und muß zu Hause bleiben. Diese Möglichkeit der Freistellung vom Sport bringt mehr psychologische als medizinische Probleme. Die Gesetzgeber haben darauf verwiesen, daß die Schul- und Amtsärzte nur Teilfreistellungen aussprechen sollten. Der Schüler soll grundsätzlich, soweit er die Schule besuchen kann, am Sportunterricht Anteil nehmen. Falls er sich nicht bewegungs-aktiv beteiligt, kann seine geistige Mitarbeit gefordert werden: Beurteilen, Werten, Vergleichen von Bewegungsformen, Schiedsrichteraufgaben oder die Spielleitung übernehmen.

Schulleiter und Lehrer haben auf Drängen der Schüler oder Elternschaft die Gewohnheit einreißen lassen, freigestellte Schüler nach Hause zu entlassen oder sie mit anderen Arbeiten, z. B. in der Bibliothek, zu beauftragen. Damit entfällt die Anteilnahme und die fortschreitende Einsicht in neue Bewegungsvorgänge. Zudem wird der Schüler in Versuchung geführt, sich durch ein Freistellungszeugnis zusätzliche freie Zeit zu verschaffen. Es wird ihm leicht gemacht, den Sport zu »schwänzen«. »Joachim ist fünf Wochen vom Sport befreit«. Daraus ist nicht ersichtlich, ob es sich um eine Voll- oder Teilfreistellung handelt. »Schüler Rolf-Peter ist wegen einer Verstauchung des linken Handgelenks nicht in der Lage, am Sportunterricht teilzunehmen«. Man kann nicht entnehmen, wann das Attest ausgestellt worden ist. Mit diesem Attest kann sich der Schüler über eine lange Zeit vom Unterricht drücken. »Wolfgang kann wegen einer Verletzung des Kniegelenkes für drei Monate nicht am Sport teilnehmen«. Wiederum fehlt das Datum, an dem das Attest ausgestellt worden ist. Wenn der Schüler inzwischen die Klasse wechselte oder einen anderen Lehrer erhielt, ist eine Dauer-Freistellung üblich.[106]

W. Hollmann untersuchte Atteste auf ihre medizinische Begründung und mußte feststellen, daß gerade dann, wenn dosierter, gezielter Sport verordnet werden sollte, der Schüler davon befreit wurde. Eine Schülerin erklärte kürzlich in einer offenen Diskussion, es seien die Unwilligen, die sich Atteste verschaffen. Diejenigen, die in ihren Leistungen negative Erfahrungen machten oder eine schlechte Note, eine ungerechte Beurteilung fürchteten.

In den USA erstrecken sich die Lehrerhilfen auch auf Kranke oder Verletzte. In jedem Krankenhaus werden die Kinder besonders betreut, die in der Lage sind, einem Unterricht zu folgen – der Anschluß an die Klassenleistung soll ermöglicht werden. Sie sollen keine Nachteile wegen ihrer Krankheit oder Verletzung haben.

Mädchen und Jungen sollten *durch differenzierte Lehrerhilfen gleiche Chancen* für das Lernen und Leisten im Sport haben. Koedukativer Sport hilft zu sachorientiertem Lernen ohne restriktive oder überfordernde Rollen-Modelle.

Mädchen wurden bisher in ihrem Bewegungslernen stark benachteiligt, Jungen durften mehr werfen, stoßen, ringen und sich »draußen herumtreiben«; dazu kam eine dirigierende Familien- oder Kindergartenpädagogik, die das Mädchen auf Haus- und Handarbeit, den Jungen auf technisches Spielzeug dressierte. In der Bewegungsführung unterscheiden sich Jungen und Mädchen nicht, wenn sie nicht entsprechend »eindressiert« werden.[107] Sie unterscheiden sich nach individueller Sportneigung und Sportleistung. Wurden Mädchen in Sportarten benachteiligt, so die Jungen im Tanz, in kreativen Bewegungsleistungen. Wir sollten versuchen, im Sport Behinderungen und Benachteiligungen von Gruppen und einzelnen auszuschalten. Schule und Kindergarten müssen dazu durch ihre individualisierenden Programme beitragen.

ANMERKUNGEN

[1] Richtlinien und Lehrpläne für die Grundschule, Wuppertal/Ratingen/Düsseldorf 1969.
[2] *J. F. Guts Muths:* Gymnastik für die Jugend, Schnepfenthal 1793.
[3] *F. L. Jahn:* Die deutsche Turnkunst, Stuttgart 1967, S. XXVI.
[4] Fachbegriffe der Leibeserziehung und des Sports, Bern 1971, S. 29 ff.
[5] *M. Streicher:* Die Neugestaltung des Schulturnens, in: Das neue Schulturnen, Weinheim 1928, S. 14.
[6] Richtlinien und Stoffplan für die Leibeserziehung an Volks-, Real-, Höheren und Berufsbildenden Schulen im Lande Nordrhein-Westfalen, Frankfurt 1961, S. 3 u. a.
[7] *F. Hilker:* Wesen und Formen der Bewegungserziehung, in: Bildung und Erziehung, 1950/4, S. 345–359. Hilker übernimmt wörtlich diese Definition aus: Deutsche Gymnastik, Frankfurt 1935.
[8] *S. Kracauer:* Das Ornament der Masse, Frankfurt 1963, S. 51 ff.
[9] Vgl. *K. Foppa:* Lernen und Lerntheorien, in: J. Speck / G. Wehle (Hrsg.): Handbuch pädagogischer Grundbegriffe, München 1970, Bd. II, S. 37 ff.
[10] *J. Huizinga:* Homo ludens, Hamburg 1958, S. 188 ff.
[11] Richtlinien und Stoffplan für die Leibeserziehung, a. a. O., S. 9 und 30.
[12] Ebd., S. 37.
[13] Ebd., S. 5.
[14] Ebd.
[15] *G. L. Flanagan:* Die ersten neun Monate des Lebens, Hamburg 1969, S. 44.
[16] Ebd., S. 50.
[17] Ebd., S. 55.
[18] Ebd., S. 69.
[19] Ebd., S. 57 ff.
[20] Ebd., S. 86 ff.
[21] Ebd., S. 86 ff.
[22] *E. Straus:* Vom Sinn der Sinne, Heidelberg ^{2}1956, S. 252 ff.
[23] *F. Weinert:* Entwicklungspsychologie, in: Speck/Wehle (Hrsg.): Handbuch pädagogischer Grundbegriffe, München 1970, Bd. I, S. 338.
[24] *C. Bennholdt-Thomsen:* Das Kind in der Zivilisation, in: Das Kind in unserer Zeit, Stuttgart 1958, S. 174.
[25] *E. J. Klaus / H. Noack:* Frau und Sport, Stuttgart 1969, S. 136 ff.
[26] *W. Pfeifer:* Sportliche Rekordleistungen der Frau und ihr Einwirken auf Konstitution. Fertilität und Geburtsverlauf, Diss. Heidelberg 1950.
[27] *Toth:* Muskeltonus bei Schwangeren, gemessen mit dem Myotonographen, in: Gynaecologia 1954, S. 138 und 383.
[28] *G. Dick-Read:* Mutter werden ohne Schmerz. Die natürliche Geburt, Hamburg ^{8}1959.
[29] *H. F. R. Prechtl:* Die Kletterbewegungen beim Säugling. Monatszeitschrift Kinderheilkunde, 1953/101.
[30] *F. Lasch:* Die Bauchlage, in: Klinische Wochenschrift, 1924/30.
[31] Ebd.
[32] *H. Mau:* Säuglinge sollten in Bauchlage großgezogen werden. Sonderdruck aus: Münchner medizinische Wochenschrift, 1969/9, S. 471–476.

[33] *L. Diem / L. Bresges:* Das Schwimmverhalten des Menschen im 1. und 2. Lebensjahr. Institut für den wissenschaftlichen Film, Göttingen 1972.

[34] *Ph. Lersch:* Aufbau der Person, München [9]1964, S. 355.

[35] *Ch. Brown:* Mein linker Fuß, Berlin 1971.

[36] *W. Thomsen:* Schreibende Füße, Heidelberg 1972.

[37] *A. O. Maisl:* Hoffnung für spastisch gelähmte Kinder, in: Das Beste, 1965/1, S. 66.

[38] *M. McGraw:* Swimming behaviour of the human infant, in: The Journal of Pediatrics, 1939/15, S. 485–490.

[39] *A. Meyerhofer:* Schwimmbewegungen bei Säuglingen, in: Archiv für Kinderheilkunde, Bd. 146, 1953/2, S. 138.

[40] *V. H. Newman:* So lernen kleine Kinder schwimmen, München 1969, S. 29 ff.

[41] *H. Bauermeister:* In der Badewanne fängt es an ..., München [2]1972.

[42] *J. Koch:* Der Einfluß der frühen Bewegungsstimulation auf die motorische und psychische Entwicklung des Säuglings, in: Bericht 26. Kongress der Deutschen Gesellschaft für Psychologie, Göttingen 1969, S. 413–421.

[43] *M. Geber / R. F. A. Dean:* Precocious development of newborn african infants, in: Behaviour in Infancy and Early Childhood, New York/London/Toronto/Ontario 1967, S. 120–126.

[44] *E. Straus:* Psychologie der menschlichen Welt, Berlin/Göttingen/Heidelberg 1960, S. 228.

[45] *M. E. Lüders:* Fürchte dich nicht, Köln/Opladen 1963, S. 17.

[46] *J. Drever / W. D. Fröhlich:* Wörterbuch zur Psychologie, München [2]1969.

[47] *I. Kant:* Über Pädagogik, Langensalza 1901/3, S. 96.

[48] *W. Hansen:* Die Entwicklung des kindlichen Weltbildes, München [6]1965, S. 49.

[49] *D. Neumann-Neurode:* Säuglingsgymnastik, Heidelberg [25]1972.

[50] *L. Ehrenfried:* Beobachtungen über die Wirkung systematischer Körperübungen im Säuglingsalter, Diss. Freiburg 1926.

[51] Ebd., S. 25.

[52] Ebd., S. 26.

[53] *Hansen:* a. a. O., S. 46.

[54] Ebd., S. 50.

[55] *H. Heckhausen / J. Roelofsen:* Anfänge und Entwicklung der Leistungsmotivation im Wetteifer des Kleinkindes, in: Psychologische Forschung 1962/26, S. 313 f. und 317.

[56] Ebd., S. 375.

[57] *H. Aebli:* Die geistige Entwicklung als Funktion von Anlage, Reifung, Umwelt- und Erziehungsbedingungen, in: *H. Roth:* Begabung und Lernen, Stuttgart [4]1969.

[58] Nach *W. Correll:* Lernpsychologie, Donauwörth [10]1970, S. 98 ff.

[59] *W. Lange:* Über funktionelle Anpassung, Berlin 1917.

[60] *F. Schede:* Grundlagen der körperlichen Erziehung, Stuttgart [5]1969, S. 7.

[61] *Ch. Bühler:* Psychologie im Leben unserer Zeit, München/Zürich 1962, S. 69.

[62] *M. B. McGraw:* Growth Study of Johnny and Jimmy. International Filmbureau, Chicago.

[63] *G. M. Schreber:* Kallipädie, Leipzig 1858, S. 186 ff.

[64] *I. Müller:* Mein System für Kinder, Leipzig und Zürich 1913, S. 69 ff.

[65] *H. Roth:* Pädagogische Psychologie des Lehrens und Lernens, Hannover [12]1970, S. 212.

[66] *A. Gehlen:* Anthropologische Forschung, Hamburg 1963, S. 63.

[67] *K. Dietrich / G. Landau:* Turnen im freien Bewegungsleben der Kinder. Institut für den wissenschaftlichen Film, Göttingen 1969.
[68] *Foppa:* a. a. O., S. 55.
[69] *Lersch:* a. a. O., S. 410.
[70] *Dietrich/Landau:* a. a. O.
[71] Sportwissenschaftliches Lexikon, Schorndorf 1972.
[72] Fachbegriffe der Leibeserziehung und des Sports, a. a. O.
[73] *B. Franklin:* Leben und Schriften, Leipzig 1853, S. 265 f.
[74] *Kant:* a. a. O., S. 95.
[75] *Franklin:* a. a. O., S. 171.
[76] *G. Franke:* Schulturngärten, Frankfurt 1961.
[77] *P. Liekker:* Das Unterrichtsgespräch in der Leibeserziehung. Eine empirische Untersuchung in Kölner Mädchen- und Jungengymnasien. Dipl.-Arb. 1966.
[78] *R. Tausch / A.-M. Tausch:* Erziehungspsychologie, Göttingen [6]1971, S. 273 ff.
[79] Nach *H. Roth:* Pädagogische Psychologie des Lehrens und Lernens, a. a. O., S. 177.
[80] *Ch. Bühler:* a. a. O., S. 180.
[81] *O. Misangyi:* Contests and feelings, in: Report. The International Olympic Academy, Athen 1964, S. 173 ff.
[82] *E. Ulich:* Über verschiedene Methoden des Lernens sensumotorischer Fertigkeiten. Vortrag, Kreuznach 1966.
[83] *K. Wiemann:* Untersuchung zum mentalen Training turnerischer Bewegungsabläufe, in: Die Leibeserziehung 1971/2, S. 34.
[84] *Drever/Fröhlich:* a. a. O.
[85] Ebd.
[86] *W. Hehlmann:* Wörterbuch der Psychologie, Stuttgart 1968.
[87] *Straus:* Psychologie der menschlichen Welt, a. a. O., S. 224 ff.
[88] *Drever/Fröhlich:* a. a. O.
[89] *A. Gehlen:* Der Mensch – Seine Natur und seine Stellung in der Welt, Frankfurt/Bonn [9]1971, S. 182 ff.
[90] Ebd.
[91] Ebd.
[92] *A. Rüssel:* Das Kinderspiel, München 1953, S. 41 ff.
[93] *C.-F. Graumann:* Die Kriterien des Einfallserlebens, Köln 1955, S. 50.
[94] *Roth:* a. a. O., S. 255.
[95] *Gehlen:* Der Mensch, a. a. O., S. 182 ff.
[96] *L. Diem:* Erfinden und Gestalten. Fragen der echten und unechten Bewegungseinfälle, in: Die Gestaltung, Schorndorf 1967, S. 80 b.
[97] *W. Klafki:* Didaktik in der Lehrerbildung, Trier 1962, S. 16.
[98] *J. Muth:* Akzente der Grundschulreform, Essen 1971, S. 50.
[99] Ebd.
[100] *C. Menze:* Bildung, in: Speck/Wehle (Hrsg.): Handbuch pädagogischer Grundbegriffe, Bd. I, München 1970, S. 134 ff.
[101] *J. Piaget:* Das moralische Urteil beim Kinde, Zürich 1954, S. 7.
[102] Richtlinien und Lehrpläne für die Grundschule, Wuppertal/Ratingen/Düsseldorf 1969.
[103] Ebd.; s. auch Lehrfilme »Bewegungserziehung im 1. bis 4. Schuljahr«.
[104] *A.-M. Tausch* u. a.: Die Auswirkung ermutigender Lehreräußerungen auf Leichtathletikleistungen von Schülern, in: Mitteilungen der Forschungsabteilung

für pädagogische Psychologie am Psychologischen Institut der Universität Hamburg, 1969.

[105] Richtlinien und Lehrpläne, a. a. O.

[106] *W. Entress:* Die Freistellung vom Unterricht in den Leibesübungen. Dipl.-Arb. 1967.

[107] *J. Wartenweiler:* Die Bewegungsführung bei Mann und Frau, in: Sportliche Betätigung des Mannes, Sportliche Betätigung der Frau, Basel 1969.